LOS **5** *LENGUAJES* DEL *amor*

LOS 5 LENGUAJES DEL amor

El secreto del amor que perdura

Gary Chapman

Unilit

Publicado por
Unilit
Medley, FL 33166

© 2017 Editorial Unilit (Spanish translation)
Primera edición actualizada 2017

© 1992, 1995, 2004, 2010, 2015 por *Gary D. Chapman*
Originalmente publicado en inglés con el título: *The 5 Love Languages*
Publicado por *Northfield Publishing*, 820 N. LaSalle Blvd., Chicago, IL
60610.
*(This book was first published in the United States by Northfield Publishing,
820 N. LaSalle Blvd., Chicago, IL 60610 with the title* The 5 Love
Languages, *copyright © 1992, 1995, 2004, 2010, 2015 by Gary D.
Chapman. Translated by permission.)*

Traducción: *Guillermo Vázquez y Nancy Pineda*
Edición: *Nancy Pineda*
Diseño de la cubierta: *Faceout Studio*
Diseño interior: *Smartt Guys design*
Fotografía de la portada: *Boone Rodriguez (boonerodriguez.com)*
Fotografía del autor: *P.S. Photography*

Producto: 495886
ISBN: 0-7899-2373-4 / 978-0-7899-2373-8

Categoría: Relaciones / Amor y matrimonio
Category: Relationships / Love and Marriage

Impreso en Colombia
Printed in Colombia

A Karolyn,
Shelley y Derek

Colección de Los 5 LENGUAJES del amor

Los 5 lenguajes del amor: Edición para hombres

Los 5 lenguajes del amor de los niños

Los 5 lenguajes del amor de los jóvenes

Los 5 lenguajes del amor para solteros

Para más libros de Gary Chapman,
visita 5lovelanguages.com

Contenido

Para una guía de estudio en inglés gratuita, visita:

5lovelanguages.com

Esta guía de discusión en grupo se diseñó para ayudar a las parejas a aplicar los conceptos de *Los 5 lenguajes del amor* y para estimular el diálogo genuino entre los grupos de estudio.

Reconocimientos

E l amor comienza, o debe comenzar, en el hogar. Para mí eso significa Sam y Grace, papá y mamá. Sin ellos todavía estaría buscando el amor en lugar de escribir sobre él. El hogar también significa Karolyn. Si todas las esposas amaran como lo hace ella, pocos hombres estarían buscando más allá de la cerca. Shelley y Derek están ahora fuera del nido, explorando nuevos mundos, pero me siento seguro del calor de su amor. Soy bendecido y estoy agradecido.

Estoy en deuda con muchos profesionales que han influido en mis conceptos del amor. Entre los mismos están los psiquiatras Ross Campbell y Judson Swihart. Por la ayuda editorial, estoy en deuda con Debbie Barr, Cathy Peterson y Betsey Newenhuyse. La experiencia técnica de Tricia Kube y Don Schmidt hizo posible que cumpliera con los plazos de publicación. Por último, y lo más importante, quiero expresarles mi gratitud a las cientos de parejas que, a través de los años, me han hablado del lado íntimo de sus vidas. Este libro es un tributo a su sinceridad.

1

¿Qué le pasa al amor después de la boda?

A más de nueve mil metros de altura, en algún lugar entre Buffalo y Dallas, puso su revista en el bolsillo de su asiento, se volvió hacia mí y preguntó:

—¿En qué trabaja usted?

—Hago consejería matrimonial y dirijo seminarios para el enriquecimiento del matrimonio —dije sin rodeos.

—Siempre he deseado preguntarle esto a alguien —dijo—. ¿Qué le pasa al amor después que uno se casa?

Renunciando a mis esperanzas de echar una siesta, pregunté:

—¿Qué quiere decir?

—Bueno —dijo—, he estado casado tres veces y, cada vez, era maravilloso antes de que nos casáramos, pero de alguna manera todo se derrumbaba después de la boda. Desaparecía todo el amor que pensaba que tenía por ella y todo el amor que parecía que tenía ella por mí. Soy una persona bastante inteligente. Dirijo un negocio exitoso, pero no lo comprendo.

—¿Cuánto tiempo estuvo casado? —le pregunté.

—La primera vez duró unos diez años. La segunda vez, estuvimos casados tres años, y la última, casi seis años.

—¿Su amor desaparecía justo después de la boda o era una pérdida gradual? —indagué.

—Bueno, la segunda vez fue mal desde el principio. No sé lo que pasó. En realidad, pensaba que nos amábamos, pero la luna de miel fue un desastre y nunca nos recuperamos. Solo fuimos novios seis meses. Fue un idilio vertiginoso. ¡Fue emocionante de verdad! Sin embargo, después del matrimonio, fue una batalla desde el principio.

»En mi primer matrimonio, tuvimos tres o cuatro años buenos antes de que llegara el bebé. Después que nació el bebé, sentí que le daba su atención al bebé y que yo dejaba de importarle. Era como si su única meta en la vida fuera tener un bebé, y después de eso, ya no me necesitaba más.

—¿Le dijo eso? —pregunté.

—Sí, se lo dije. Me dijo que estaba loco. Me dijo que no entendía el estrés de ser enfermera las veinticuatro horas del día. Me dijo que debía ser más comprensivo y ayudarla más. En realidad, procuré hacerlo, pero no parecía que marcara alguna diferencia. Después de eso, nos apartábamos cada vez más. Al poco tiempo, no quedaba amor, solo falta de vida. Ambos estuvimos de acuerdo en que el matrimonio había terminado.

»¿Mi último matrimonio? A decir verdad, pensaba que ese sería diferente. Ya hacía tres años que estaba divorciado. Fuimos novios durante dos años. En realidad, pensaba que sabíamos lo que hacíamos, y que quizá, por primera vez, sabía lo que significaba amar a alguien. Sentía que ella me amaba con sinceridad.

»Después de la boda, no creo que cambiara. Continué expresándole amor como lo hacía antes de casarnos. Le decía lo hermosa que era. Le decía lo mucho que la amaba. Le decía lo orgulloso que estaba por ser su esposo. Sin embargo, a los pocos meses de casados, empezó a quejarse de pequeñas cosas al principio, como que no sacaba la basura o no colgaba mi ropa. Luego, atacó mi carácter, diciéndome que sentía que no podía confiar en mí, acusándome de no serle fiel. Se convirtió en una persona negativa por completo. Antes del matrimonio, nunca fue negativa. Era la persona más positiva que conociera jamás, esa fue una de las cosas que más me atrajo de ella. Nunca se quejaba por nada. Todo lo que yo hacía era maravilloso, pero una vez que nos casamos, parecía que no podía hacer algo bien. A decir verdad, no sé lo que pasó. A la larga, la dejé de amar y empecé a molestarme con ella. Era obvio que no me amaba. Reconocimos que no sacábamos nada viviendo juntos, así que nos separamos.

»Eso fue hace un año. De modo que mi pregunta es esta: ¿Qué le pasa al amor después de la boda? ¿Mi experiencia es común? ¿Es por eso que tenemos tantos divorcios en nuestro país? No puedo creer que esto me sucediera tres veces. Y los que no se divorcian, ¿aprenden a vivir con el vacío o en verdad el amor se mantiene vivo en algunos matrimonios? De ser así, ¿cómo lo logran?

Las preguntas de mi amigo sentado en el 5A eran las mismas que miles de personas casadas y divorciadas se hacen hoy. Algunos se las hacen a los amigos, otros se las hacen a los consejeros y los clérigos, y hay quienes se las hacen a sí mismos. A veces las respuestas se expresan en la jerga de la investigación psicológica que es casi incomprensible. Otras veces se exponen en el humor y el folclore. La mayoría de los chistes y los refranes contienen algo de verdad, pero son como ofrecerle una aspirina a una persona con cáncer.

> Con toda la ayuda disponible de los expertos, ¿por qué tan pocas parejas encuentran el secreto para mantener vivo el amor?

El deseo por el amor romántico en el matrimonio está arraigado en lo más profundo de nuestra constitución psicológica. Los libros abundan sobre el tema. Los programas de entrevistas de la radio y la televisión lidian con esto. El internet está lleno de consejos. También lo están nuestros padres, amigos e iglesias. Mantener vivo el amor en nuestros matrimonios es un asunto serio.

Con toda la ayuda disponible de los expertos en los medios de comunicación, ¿por qué tan pocas parejas parecen encontrar el secreto para mantener vivo el amor después de la boda? ¿Por qué una pareja puede asistir a un taller de comunicación, escuchar maravillosas ideas sobre cómo mejorar la comunicación, regresar a casa y descubrir que es incapaz por completo de implementar los patrones de comunicación demostrados? ¿Cómo es que leemos algo en línea sobre las «101 maneras de expresarle amor a tu cónyuge», seleccionamos dos o tres que nos parecen útiles en especial, las probamos y nuestros cónyuges ni siquiera reconocen nuestro esfuerzo? Damos por perdidas las otras noventa y ocho maneras y volvemos a la vida de siempre.

LA VERDAD QUE NOS FALTA

El propósito de este libro es la respuesta a estas preguntas. No se trata de que los libros y los artículos ya publicados no sean útiles. El problema es que hemos pasado por alto una verdad fundamental: Las personas hablan diferentes lenguajes del amor.

Mi preparación académica es en el campo de la antropología. Por lo tanto, he estudiado la ciencia de la lingüística, la cual identifica varios grupos de idiomas principales: japonés, chino, español, inglés, portugués, griego, alemán, francés, etc. La mayoría de nosotros creció aprendiendo la lengua de nuestros padres y hermanos, la cual se convirtió en nuestra lengua materna o *primaria*. Más tarde, quizá aprendamos otras lenguas, pero casi siempre con mucho más esfuerzo. Estas llegan a ser nuestras lenguas *secundarias*. Hablamos y comprendemos mejor nuestra lengua materna. Nos sentimos más cómodos hablando esa lengua. Mientras más usemos una lengua secundaria, más cómodos estaremos en nuestra conversación. Si solo hablamos la lengua primaria y nos encontramos con alguien que solo habla su lengua primaria, la cual es diferente a la nuestra, nuestra comunicación será limitada. Debemos depender de las señales, los gruñidos, los dibujos o la gesticulación de nuestras ideas. Podemos comunicarnos, pero es difícil. Las diferencias de idiomas son parte integral de la cultura humana. Si queremos comunicarnos de manera eficiente a través de líneas culturales, debemos aprender el idioma de esos con los que deseamos comunicarnos.

En el campo del amor, es similar. Tu lenguaje emocional del amor y el de tu cónyuge tal vez sean diferentes como el chino del español. No importa cuánto te esfuerces por tratar de expresar amor en español, si tu cónyuge solo comprende el chino, nunca entenderán cómo amarse el uno al otro. Mi amigo en el avión le hablaba a su tercera esposa el lenguaje de «palabras de afirmación» cuando dijo: «Le decía lo hermosa que era. Le decía lo mucho que la amaba. Le decía lo orgulloso que estaba por ser su esposo». Expresaba su amor, y era sincero, pero ella no entendía su lenguaje. Quizá buscara amor en su conducta y no lo viera. La sinceridad no es suficiente. Debemos estar dispuestos a aprender el lenguaje primario del amor de nuestro cónyuge si queremos ser eficientes comunicadores del amor.

Mi conclusión después de muchos años de consejería matrimonial es que existen cinco lenguajes emocionales del amor, cinco maneras en que la gente habla y comprende el amor emocional. En el campo de la lingüística, un idioma puede tener numerosos dialectos o variaciones. Asimismo, dentro de los cinco

El número de maneras para expresar el amor dentro de un lenguaje del amor solo lo limita la imaginación de uno.

idiomas emocionales básicos del amor hay muchos dialectos. El número de maneras para expresar el amor dentro de un lenguaje del amor solo lo limita la imaginación de uno. Lo importante es hablar el lenguaje del amor de tu cónyuge.

Rara vez un esposo y una esposa tienen el mismo lenguaje primario del amor. Tenemos la tendencia a hablar nuestro lenguaje primario del amor, y nos confundimos cuando nuestro cónyuge no entiende lo que le comunicamos. Expresamos nuestro amor, pero el mensaje no llega porque hablamos lo que, para ellos, es un lenguaje extranjero. Allí radica el problema fundamental, y el propósito de este libro es ofrecer una solución. Por eso me atrevo a escribir otro libro sobre el amor. Una vez que descubramos los cinco lenguajes básicos del amor y entendamos cuál es nuestro lenguaje primario del amor, así como el lenguaje primario del amor de nuestro cónyuge, tendremos la información necesaria a fin de aplicar las ideas que encontramos en los libros y en los artículos.

Una vez que identifiques y aprendas a hablar el lenguaje primario del amor de tu cónyuge, creo que habrás descubierto la clave para un matrimonio amoroso y duradero. El amor no debe desaparecer después de la boda, pero para mantenerlo vivo, la mayoría de nosotros tendrá que esforzarse para aprender un segundo lenguaje del amor. No podemos atenernos a nuestra lengua materna si nuestros cónyuges no la entienden. Si queremos que sientan el amor que tratamos de comunicar, debemos expresarlo en su lenguaje primario del amor.

TU TURNO

¿Cómo responde tu cónyuge cuando tratas de mostrarle afecto?

2

Mantén lleno el tanque del amor

A mor es la palabra más importante en el idioma español... y la más confusa. Tanto los pensadores seculares como los religiosos, coinciden en que el amor representa un papel central en la vida. El amor tiene un papel prominente en miles de libros, canciones, revistas y películas. Numerosos sistemas filosóficos y teológicos le han dado un lugar prominente al amor.

Los psicólogos han llegado a la conclusión de que la necesidad de sentirse amado es una necesidad emocional primaria del ser humano. Por amor, escalaremos montañas, cruzaremos mares, atravesaremos las arenas del desierto y soportaremos adversidades inenarrables. Sin amor, las montañas se vuelven difíciles de escalar, los mares son imposibles de cruzar, los desiertos son insoportables y las dificultades son inmensas en la vida.

Si estamos de acuerdo en que la palabra *amor* impregna la sociedad humana, tanto a través de la historia como en el presente, también debemos estar de acuerdo en que es una palabra muy confusa. La usamos de mil maneras. Decimos: «Amo a los perros», y de inmediato: «Amo a mi madre». Hablamos de las actividades que amamos: nadar, esquiar, cazar. Amamos los objetos: alimentos, autos, casas. Amamos los animales: perros, gatos y hasta los caracoles como mascotas. Amamos la naturaleza: los árboles, el césped, las flores y el clima. Amamos a las personas: madre, padre, hijo, hija, familiares, esposas, esposos, amigos. Hasta nos enamoramos del amor.

Si todo eso no es bastante confuso, también usamos la palabra *amor* para explicar la conducta. «Lo hice porque la amaba». Esa explicación se da para toda clase de acciones. Un político está enredado en una relación adúltera y la llama amor. El predicador, por otro lado, lo llama pecado. La esposa de un alcohólico se recupera después del último episodio de su esposo. Lo llama amor, pero el psicólogo lo llama codependencia. Los padres complacen todos los deseos del niño, llamándolo amor. El terapeuta de la familia lo llama crianza irresponsable. ¿Qué es el comportamiento amoroso?

El propósito de este libro no es eliminar todas las confusiones en torno a la palabra *amor*, sino enfocarnos en esa clase de amor que es esencial para nuestra salud emocional. Los psicólogos infantiles afirman que cada niño tiene ciertas necesidades emocionales básicas que debemos suplir si queremos que tenga estabilidad emocional. Entre esas necesidades emocionales, ninguna es más básica que la de amor y afecto, la necesidad de sentir que tiene un sitio y que le aman. Con una adecuada provisión de afecto, es probable que el niño se convierta en un adulto responsable. Sin ese amor, tendrá problemas emocionales y sociales.

Me gustó la metáfora la primera vez que la escuché: «Dentro de cada niño hay un "tanque emocional" a la espera de que lo llenen de amor. Cuando un niño se siente amado de verdad, se desarrollará con normalidad, pero cuando el tanque de amor

está vacío, el niño se comportará mal. Gran parte
del mal comportamiento de los niños se debe a
los anhelos de un "tanque de amor vacío"».
Le escuché decir al Dr. Ross Campbell, un
psiquiatra especializado en el tratamiento
de niños y adolescentes.
Mientras escuchaba, pensé en los
cientos de padres que desfilaron por mi
oficina contándome las fechorías de sus
hijos. Nunca había visualizado un tanque
de amor vacío dentro de esos niños, pero de
seguro que había visto sus resultados. Su mal
comportamiento era una búsqueda equivocada del
amor que no sentían. Buscaban amor en todos los lugares
equivocados y de todas las maneras equivocadas.

Necesitábamos amor antes de que «nos enamoráramos», y lo necesitaremos mientras vivamos.

Recuerdo a Asela, quien a los trece años de edad tenía un
tratamiento por una enfermedad de transmisión sexual. Sus padres estaban destrozados. Estaban enojados con Asela. Estaban
molestos con la escuela, a la que culpaban por enseñarle sobre
las relaciones sexuales. «¿Por qué hizo eso?», se preguntaban.

En mi conversación con Asela, me contó del divorcio de
sus padres cuando tenía seis años de edad. «Pensé que mi padre
se marchó porque no me amaba», dijo. «Cuando mi madre se
volvió a casar a mis diez años de edad, sentí que ahora ella tenía
alguien que la amara, pero yo todavía no tenía a nadie que
me amara. Deseaba muchísimo que me amaran. Conocí a este
muchacho en la escuela. Era mayor que yo, pero me gustaba.
No podía creerlo. Era amable conmigo y pronto sentí que me
amaba de verdad. No quería tener relaciones sexuales, pero
deseaba que me amaran».

El «tanque de amor» de Asela había estado vacío por muchos
años. Su madre y su padrastro proveían para sus necesidades
físicas, pero no se daban cuenta de la profunda lucha emocional
que se libraba en su interior. Sin duda, amaban a Asela y

pensaban que sentía su amor. No fue sino hasta cuando ya era casi demasiado tarde, que descubrieron que no habían estado hablando el lenguaje primario del amor de Asela.

La necesidad emocional por amor, sin embargo, no es solo un fenómeno de la niñez. Esa necesidad continúa en la adultez y en el matrimonio. La experiencia de estar «enamorado» llena por un tiempo esa necesidad, pero es inevitable que sea una solución momentánea, y tal como aprenderemos más adelante, tiene una duración limitada y previsible. Después que descendemos de la cima de la obsesión del «enamoramiento», la necesidad emocional por amor sale a flote porque es fundamental para nuestra naturaleza. Está en el centro de nuestros deseos emocionales. Necesitábamos amor antes de que «nos enamoráramos», y lo necesitaremos mientras vivamos.

La necesidad de sentirse amado por el cónyuge está en el centro de los deseos matrimoniales. Hace poco, un hombre me dijo: «¿De qué sirven la casa, los automóviles, la playa y todo lo demás si tu esposa no te ama?». ¿Entiendes lo que decía en realidad? «Más que cualquier cosa, quiero que mi esposa me ame». Las cosas materiales no sustituyen el emocional amor humano. Una esposa dice: «No me tiene en cuenta todo el día y, luego, quiere meterse en la cama conmigo. Detesto eso». Ella no es una esposa que odia la relación sexual; es una esposa que suplica con desesperación el amor emocional.

NUESTRO CLAMOR POR AMOR

Algo en nuestra naturaleza clama por el amor de otro. La soledad es devastadora para la psique humana. Por eso es que el confinamiento en solitario se considera uno de los castigos más crueles. En el corazón de la existencia del género humano está el deseo de tener intimidad con otro y de que nos ame. El matrimonio está diseñado para suplir esa necesidad de intimidad y amor. Por eso las antiguas escrituras bíblicas dicen que el esposo y la esposa se convierten en «una sola carne». Eso no significaba que los individuos perderían su identidad; significaba que entrarían en la vida del otro de una manera profunda e íntima. No obstante, si el amor es importante, es también esquivo. He escuchado a muchas parejas casadas contar su secreto dolor. Algunas solo venían a verme debido a que su dolor interno se había vuelto insoportable. Otras venían porque habían comprendido que sus patrones de conducta o el mal comportamiento de su cónyuge estaban destruyendo el matrimonio. Algunas solo venían para decirme que ya no querían seguir casados. Sus sueños de «vivir felices para siempre» se habían estrellado contra los duros muros de la realidad. Una y otra vez he oído las palabras: «Nuestro amor terminó, nuestra relación está muerta. Antes nos sentíamos cerca, pero ahora no. Ya no disfrutamos de estar el uno con el otro. No satisfacemos nuestras necesidades mutuas». Sus historias dan testimonio de que los adultos, al igual que los niños, tienen también «tanques de amor».

¿Podría ser que en lo más profundo de estas parejas heridas exista un invisible «tanque de amor» con su medidor en vacío? ¿Podría ser que el mal comportamiento, el alejamiento, las palabras groseras y la crítica fueran el resultado de un tanque vacío? Si pudiéramos encontrar una manera de llenarlo, ¿renacería el matrimonio? Con un tanque lleno, ¿las parejas serían capaces de crear un clima emocional donde fuera posible analizar las diferencias y resolver los conflictos? ¿Podría ese tanque ser la clave que hiciera funcionar el matrimonio?

Esas preguntas me llevaron a hacer un largo viaje. En el camino, descubrí las sencillas, pero poderosas ideas contenidas en este libro. El viaje no solo me ha llevado a través de años de consejería matrimonial, sino a los corazones y las mentes de cientos de parejas por todo Estados Unidos. Desde Seattle hasta Miami, las parejas me han invitado al interior de sus

Cualquiera que sea la calidad de tu matrimonio ahora, siempre puede ser mejor.

matrimonios y hemos conversado con toda franqueza. Las ilustraciones incluidas en este libro son de la vida real. Solo se cambiaron los nombres y los lugares a fin de proteger la privacidad de los individuos que hablaron con tanta libertad.

Estoy convencido de que mantener lleno el tanque emocional del amor es tan importante para el matrimonio como lo es mantener el nivel adecuado del aceite para el automóvil. Manejar tu matrimonio con un «tanque de amor» vacío puede ser mucho más grave que tratar de manejar tu auto sin aceite. Lo que estás a punto de leer tiene el potencial para salvar miles de matrimonios y hasta puede mejorar el clima emocional de un buen matrimonio. Cualquiera que sea la calidad de tu matrimonio ahora, siempre puede ser mejor.

ADVERTENCIA: Entender los cinco lenguajes del amor y aprender a hablar el lenguaje primario de amor de tu cónyuge puede influir de manera radical en su conducta. Las personas se comportan en forma diferente cuando tienen llenos sus tanques de amor.

Antes que examinemos los cinco lenguajes del amor, sin embargo, debemos abordar otro importante, pero confuso fenómeno: la eufórica experiencia del «enamoramiento».

TU TURNO

En una escala del 0-10, ¿cuán lleno está tu tanque del amor?

3

El enamoramiento

Se presentó en mi oficina sin una cita y le preguntó a mi secretaria si podía verme por cinco minutos. Hacía dieciocho años que conocía a Raquel. Tenía treinta y seis años y nunca se había casado. De vez en cuando, pedía una cita conmigo a fin de discutir alguna dificultad en particular de sus relaciones de noviazgo. Por naturaleza, era una persona seria y cuidadosa, así que era inusual por completo que se apareciera en mi oficina sin avisar con antelación. Pensé: *Raquel debe tener una crisis terrible para que venga sin una cita.* Le dije a mi secretaria que la dejara pasar, y estaba seguro que la vería romper en llanto y contarme alguna historia trágica en cuanto cerrara la puerta. En cambio, casi de un salto entra a mi oficina radiante de emoción.

—¿Cómo estás hoy, Raquel? —le pregunté.

—¡Genial! —dijo—. Nunca he estado mejor en mi vida. ¡Me voy a casar!

—¿Verdad? —dije—. ¿Con quién y cuándo?

Hemos llegado a creer que si en verdad estamos enamorados, no tendrá fin.

—Se llama Benjamín —dijo—. Nos vamos a casar en septiembre.

—Eso es emocionante. ¿Qué tiempo hace que son novios?

—Tres semanas. Después de todas las personas con las que he salido y de todas las veces que he estado a punto de casarme, sé que es una locura, doctor Chapman. Ni yo misma puedo creerlo, pero sé que Benjamín es el hombre para mí. Desde la primera cita, lo supimos los dos. Por supuesto, no hablamos de esto la primera noche, pero una semana después, me propuso matrimonio. Sabía que me lo iba a proponer, y sabía que le iba a decir que sí. Nunca antes me he sentido de esta manera, doctor Chapman. Usted conoce las relaciones que he tenido a través de los años y los conflictos que he sufrido. En cada relación, algo no estaba bien. Jamás me sentía en paz pensando en casarme con alguno de ellos, pero sé que Benjamín es el hombre.

En ese momento, Raquel se mecía en su silla riendo con nerviosismo y diciendo:

—Sé que es una locura, pero estoy muy feliz... Nunca en mi vida he sentido esta felicidad.

¿Qué le pasó a Raquel? Se enamoró. En su mente, Benjamín es el hombre más maravilloso que conociera jamás. Es perfecto en todo. Será el marido ideal. Piensa en él de día y de noche. El hecho de que Benjamín estuviera casado dos veces antes, tenga tres hijos y tuviera tres empleos el año pasado es algo trivial para Raquel. Es feliz y está convencida de que va a ser feliz para siempre con Benjamín. Está enamorada.

La mayoría de nosotros entra al matrimonio por el camino de la experiencia del «enamoramiento». Conocemos a alguien cuyas características físicas y rasgos de personalidad producen suficiente choque eléctrico para activar nuestro «sistema amoroso de alarma». Suena la alarma y ponemos en acción el proceso de llegar a conocer a la persona. El primer paso quizá sea disfrutar de una hamburguesa o un bistec, dependiendo de nuestro presupuesto, pero nuestro verdadero interés no está en la comida. Estamos en una búsqueda para descubrir el amor. «¿Podría este sentimiento afectuoso y estremecedor que tengo dentro ser algo "real"?».

A veces perdemos ese estremecimiento en la primera cita. Nos enteramos que él pasa tiempo en páginas web chifladas o que ella asistió a seis universidades, y el estremecimiento desaparece al instante; no queremos más hamburguesas con ellos. Otras veces, sin embargo, los estremecimientos son más fuertes después de la hamburguesa que antes. Hacemos arreglos para unos cuantos momentos más «juntos», y pronto el nivel de intensidad aumenta hasta el punto en que nos encontramos diciendo: «Creo que me estoy enamorando». Con el tiempo, estamos convencidos de que eso es «lo verdadero», y se lo decimos a la otra persona, a la espera de que el sentimiento sea recíproco. Si no lo es, las cosas se enfrían un poco o redoblamos nuestros esfuerzos para impresionar, y con el tiempo, ganamos el amor de nuestro ser amado. Cuando es recíproco, comenzamos a hablar acerca del matrimonio, porque todo el mundo está de acuerdo en que estar «enamorado» es la base necesaria para un buen matrimonio.

LA ANTESALA DEL CIELO

En su apogeo, la experiencia del «enamoramiento» es eufórica. Estamos obsesionados de manera emocional el uno con el otro. Nos acostamos pensando en el otro. Cuando nos levantamos, esa persona es el primer pensamiento en nuestra mente. Anhelamos estar juntos. Pasar tiempo juntos es como creernos que estamos en la antesala del cielo. Cuando nos tomamos de las manos, parece que nuestra sangre fluye unida. Podríamos besarnos por la eternidad si no tuviéramos que ir a la escuela o al trabajo. Cuando nos abrazamos, el tiempo parece detenerse... La persona enamorada, que llamaremos Jennifer, tiene la ilusión de que su amado es perfecto. Su mejor amiga puede ver los defectos, le molesta cómo le habla a veces a Jennifer, pero esta no escuchará. Su madre, advirtiendo que el joven parece incapaz de mantener un trabajo estable, guarda para sí sus preocupaciones, pero hace preguntas amables sobre «los planes de Raúl».

Nuestros sueños antes del matrimonio son de dicha conyugal: «Vamos a ser muy felices. Otras parejas quizá discutan y riñan, pero nosotros no. Nos amamos». Por supuesto, no somos tan ingenuos. Sabemos de un modo intelectual que con el tiempo habrá diferencias. Sin embargo, estamos seguros de que las vamos a discutir con franqueza; uno de nosotros siempre estará dispuesto a hacer concesiones y llegaremos a un acuerdo. Es difícil creer en otra cosa cuando estás enamorado.

Hemos llegado a creer que si en verdad estamos enamorados, no tendrá fin. Siempre tendremos los maravillosos sentimientos que advertimos en este momento. Nunca nada se podrá interponer entre nosotros. Nada en la vida destruirá nuestro mutuo amor. Estamos atrapados en la belleza y el encanto de la personalidad del otro. Nuestro amor es lo más maravilloso que hayamos experimentado jamás. Observamos que algunas parejas casadas parecen que han perdido ese sentimiento, pero eso nunca nos sucederá a nosotros. «Tal vez no tengan lo verdadero», razonamos.

Lo lamentable es que el «enamoramiento» eterno es ficción, no es realidad. La finada psicóloga Dorothy Tennov realizó estudios de largo alcance sobre el fenómeno del enamoramiento. Después de estudiar montones de parejas, concluyó que el promedio de duración de la obsesión romántica es de dos años. Si es una aventura amorosa secreta, quizá dure un poco más. A la larga, sin embargo, todos bajaremos de las nubes y plantaremos nuestros pies en la tierra de nuevo. Nuestros ojos están abiertos y vemos los defectos de la otra persona. Ahora sus «rarezas» son solo insoportables. Su agudo sentido del humor hiere en estos momentos. Esos pequeños rasgos que pasamos por alto cuando nos enamoramos, se convierten ahora en montañas gigantescas.

LA REALIDAD SE ENTREMETE

Bienvenidos al mundo real del matrimonio, donde siempre hay cabellos en el lavabo y pequeñas manchas blancas cubren el espejo, donde las discusiones no se centran en «¿dónde debemos comer esta noche?», sino en «¿por qué no buscaste la leche?». Se trata de un mundo donde las facturas, los suegros, los empleos y los niños reclaman nuestra atención, un mundo donde la rutina y el resentimiento pueden minar en silencio el amor que tuvimos una vez. Los amantes íntimos pueden convertirse en enemigos, y el matrimonio en campo de batalla.

¿Qué le pasó a la experiencia del «enamoramiento»? Ay, no era más que una ilusión mediante la cual nos engañaron para poner nuestros nombres sobre el espacio de la firma para bien o para mal. No sorprende que tantas personas maldigan el matrimonio y a la pareja que una vez amaron. Después de todo, si nos engañaron, tenemos el derecho de enojarnos. ¿Tuvimos en realidad «lo verdadero»? Pienso que sí. El problema fue la información errónea.

Fallamos al no tener en cuenta la realidad de la naturaleza humana.

La mala información fue la idea de que la obsesión del «enamoramiento» duraría para siempre. Debíamos haberlo sabido mejor. Una observación fortuita nos hubiera enseñado que si las personas permanecieran obsesionadas, todos estaríamos en serios problemas. Las ondas del impacto harían tambalear los negocios, la industria, la iglesia, la educación y el resto de la sociedad. ¿Por qué? Porque las personas «enamoradas» pierden interés en otros asuntos. Por eso lo llamamos «obsesión». El estudiante universitario que se enamora perdidamente ve bajar sus calificaciones. Es difícil estudiar cuando estás enamorado. Mañana tienes un examen sobre la guerra de 1812, ¿pero a quién le importa la guerra de 1812? Cuando estás enamorado, todo lo demás parece irrelevante.

—Doctor Chapman, mi trabajo se está desintegrando — me dijo un hombre.

—¿Qué quieres decir? —le pregunté.

—Conocí a esta muchacha, me enamoré, y no puedo hacer nada. No puedo concentrarme en mi trabajo. Me paso todo el día pensando en ella.

La euforia del «enamoramiento» nos da la ilusión de que tenemos una íntima relación. Sentimos que nos pertenecemos el uno al otro. Pensamos que podemos vencer todos los problemas. Nos sentimos altruistas hacia el otro. Como dijera un joven con relación a su novia: «No puedo concebir que haga algo que la pueda herir. Mi único deseo es hacerla feliz. Haría cualquier cosa para hacerla feliz». Tal obsesión nos da la falsa sensación de que se erradicaron nuestras actitudes egocéntricas y que nos convertimos en una especie de madre Teresa, dispuestos a darlo todo por el bien de la persona amada. Hacemos eso con mucha libertad debido a que estamos convencidos en verdad de que la persona amada siente lo mismo por nosotros. Creemos que ella está comprometida a suplir nuestras necesidades, que él nos ama como lo amamos y que nunca haría algo que nos lastime.

Esa manera de pensar siempre es fantasiosa. No es que seamos insinceros en lo que pensamos y sentimos, sino es que somos poco realistas. Fallamos al no tener en cuenta la realidad de la naturaleza humana. Somos egocéntricos por naturaleza. Nuestro mundo gira a nuestro alrededor. Ninguno de nosotros es altruista por completo. La euforia de la experiencia del «enamoramiento» solo nos da esa ilusión.

Una vez que la experiencia de enamorarse sigue su curso natural (recuerda que el promedio de duración del enamoramiento es de dos años), regresaremos al mundo de la realidad y volveremos a ser nosotros mismos. Él expresará sus deseos, pero sus deseos serán diferentes de los de ella. Él quiere relación sexual, pero ella está demasiado cansada. Él sueña con comprar un auto nuevo, pero ella dice tajantemente: «¡No nos podemos dar ese lujo!». A ella le gustaría visitar a sus padres, pero él dice: «No me gusta pasar mucho tiempo con tu familia». Poco a poco, se esfuma la ilusión de la intimidad y se hacen valer los deseos individuales, las emociones, los pensamientos y los patrones de conducta. Ya son dos individuos. Sus mentes no se han fundido en una y sus emociones se han mezclado solo por poco tiempo en el mar del amor. Ahora las olas de la realidad comienzan a separarlos. Se dejan de amar, y en este punto o bien se distancian, se separan, divorcian, se van por su propio camino en busca de una nueva experiencia de amor, o comienzan la ardua tarea de aprender a amarse el uno al otro sin la euforia de la obsesión del enamoramiento.

Algunas parejas creen que el final de la experiencia del «enamoramiento» significa que solo tienen dos opciones: resignarse a vivir desdichados con su cónyuge; o abandonar el barco y probar de nuevo. Nuestra generación ha optado por la última, mientras que en generaciones anteriores se escogía a menudo la primera. Antes que concluyamos de manera automática que hemos hecho la mejor elección, tal vez deberíamos examinar los datos. La tasa de divorcio por segundas nupcias es más alta que la tasa de divorcio de primeras nupcias. La tasa de

Necesito que me ame alguien que decida amarme.

divorcio por terceras nupcias es incluso mayor. Al parecer, no es sustancial la perspectiva de un matrimonio más feliz por segunda o tercera vez.

DEL «ENAMORAMIENTO» AL VERDADERO AMOR

Las investigaciones parecen indicar que hay una tercera y mejor alternativa: Podemos reconocer la experiencia del enamoramiento por lo que fue, un alza emocional temporal, y ahora luchar por el «amor verdadero» con nuestro cónyuge. Esta clase de amor es emocional por naturaleza, pero no obsesiva. Es un amor que une la razón y la emoción. Involucra un acto de la voluntad, requiere disciplina y reconoce la necesidad del crecimiento personal. Nuestra necesidad emocional más básica no es enamorarnos, sino ser amado de verdad por el otro, conocer un amor que brota de la razón y de la decisión, no del instinto. Necesito que me ame alguien que decida amarme, que vea en mí algo digno de amar.

Esa clase de amor requiere esfuerzo y disciplina. Se trata de la decisión de emplear la energía en un esfuerzo para beneficiar a la otra persona, sabiendo que si su vida se enriquece por tu esfuerzo, tú también encontrarás un sentido de satisfacción: la satisfacción de haber amado con sinceridad a otro. Esto no requiere la euforia de la experiencia del «enamoramiento». En realidad, el verdadero amor no puede comenzar hasta que la experiencia del «enamoramiento» no siga su curso.

No podemos aceptar el crédito por las cosas buenas y generosas que hacemos mientras estamos bajo la influencia de «la obsesión». Nos empuja y nos lleva una fuerza instintiva que va más allá de nuestros patrones de comportamiento normal. No obstante, si una vez que volvemos al mundo real de la decisión humana, optamos por ser amables y generosos, eso es amor verdadero.

La necesidad emocional de amor se debe satisfacer si queremos tener salud emocional. Los adultos casados ansían sentir el afecto y el amor de sus cónyuges. Nos sentimos seguros cuando estamos confiados de que nuestra pareja nos acepta, quiere y está comprometida con nuestro bienestar. Durante la etapa del «enamoramiento», sentimos todas esas emociones. Fue celestial mientras duró. Nuestro error fue pensar que duraría para siempre.

Sin embargo, esa obsesión no iba a durar para siempre. En el libro de texto del matrimonio, no es más que la introducción. El punto principal del libro es el amor racional y volitivo. Esa es la clase de amor a la que los sabios nos han llamado siempre. Es intencional.

Esas son buenas noticias para las parejas casadas que han perdido todos sus sentimientos de «enamoramiento». Si el amor es una decisión, tienen la capacidad de amar después que muere la obsesión del «enamoramiento» y regresan al mundo real. Esa clase de amor comienza con una actitud, una manera de pensar. El amor es la actitud que dice: «Estoy casado contigo, y decido velar por tus intereses». Luego, el que decide amar encontrará maneras adecuadas para expresar esa decisión.

«Aun así, parece muy estéril», quizá afirmen algunos. «¿El amor es una actitud con una conducta apropiada? ¿Dónde están las estrellas fugaces, los globos, las emociones profundas? ¿Qué pasa con el espíritu de expectación, el brillo de los ojos, la electricidad de un beso, la excitación de la relación sexual? ¿Qué pasa con la seguridad emocional de saber que soy el número uno en su mente?». De eso se trata este libro. ¿Cómo podemos satisfacer la profunda necesidad emocional mutua de sentirnos amados? Si podemos aprender eso y decidimos hacerlo, el amor que compartimos será mucho más emocionante que cualquier cosa que sintiéramos alguna vez cuando nos enamoramos.

Desde hace muchos años, he hablado de los cinco lenguajes del amor emocional en mis seminarios para matrimonios y en sesiones privadas de consejería. Miles de parejas testificarían de la validez de lo que estás a punto de leer. Mis archivos están llenos de cartas de personas que nunca he visto, diciendo: «Un amigo me prestó uno de sus DVD sobre los lenguajes del amor, y esto ha revolucionado nuestro matrimonio. Nos hemos esforzado por años para amarnos, pero nuestros esfuerzos nos han fallado en lo emocional a cada uno. Ahora que estamos hablando los lenguajes apropiados del amor, el clima emocional de nuestro matrimonio ha mejorado de manera radical».

Cuando el tanque emocional del amor de tu cónyuge está lleno y se siente seguro de tu amor, el mundo entero parece brillante y tu cónyuge avanzará a fin de alcanzar su más alto potencial en la vida. En cambio, cuando el tanque del amor está vacío y se siente utilizado pero no amado, el mundo entero parece oscuro y es probable que nunca llegue a su potencial para bien en el mundo. En los cinco capítulos siguientes, explicaré los cinco lenguajes emocionales del amor y, luego, en el capítulo 9, ilustraré cómo el descubrimiento del lenguaje primario de tu cónyuge puede hacer que tus esfuerzos por el amor sean más productivos.

TU TURNO

¿Puedes identificar un momento en tu matrimonio cuando apareció la «realidad»? ¿Cómo afectó esto tu relación, para bien o para mal?

PALABRAS DE AFIRMACIÓN

4

PRIMER LENGUAJE DEL AMOR

Palabras de afirmación

M ark Twain dijo una vez: «Puedo vivir por dos meses con un buen cumplido». Si tomamos a Twain literalmente, seis cumplidos al año mantendrían el tanque emocional de amor en el nivel operativo. Es probable que tu cónyuge necesite más.

Una manera de expresar amor de manera emocional es utilizando palabras que edifiquen. Salomón, autor de la antigua literatura hebrea de sabiduría, escribió: «En la lengua hay poder de vida y muerte»[1]. Muchas parejas nunca han aprendido el tremendo poder de las palabras para afirmarse el uno al otro.

Los cumplidos verbales, o las palabras de aprecio, son poderosos comunicadores de amor. Se expresan mejor en afirmaciones directas y sencillas tales como:

«Te ves muy bien con ese traje».

«¡Siempre te ves sensacional con ese vestido! ¡Increíble!».

«¡Me gusta mucho que siempre seas puntual para recogerme en el trabajo!».

«Gracias por conseguir la niñera para esta noche. Quiero que sepas que no lo doy por sentado».

«Tú siempre puedes hacerme reír».

¿Qué pasaría con el ambiente emocional de un matrimonio si el esposo y la esposa escucharan tales palabras de afirmación con regularidad?

Hace varios años estaba sentado en mi oficina con la puerta abierta. Una dama que venía por el pasillo me dijo:

—¿Tiene un minuto?

—Claro que sí, entre.

—Doctor Chapman, tengo un problema —me dijo al sentarse—. No consigo que mi esposo pinte nuestro dormitorio. He estado detrás de él por nueve meses. He intentado todo lo que sé, pero no logro que lo pinte.

Mi primer pensamiento fue: *Señora, se equivocó de lugar. No soy un contratista de pintura.* Sin embargo, le dije:

—Hábleme de eso.

—Bien, el sábado pasado es un buen ejemplo —me dijo—. ¿Recuerda lo bonito que estuvo? ¿Sabe lo que mi esposo hizo todo el día? Estuvo limpiando los archivos de su computadora.

—Entonces, ¿qué hizo usted? —le pregunté.

—Fui allí y le dije: "Daniel, no te comprendo. Hoy hubiera sido un día perfecto para pintar el cuarto y aquí estás tú trabajando en tu computadora".

—¿Así que pintó el cuarto? —indagué.

—No. Todavía no lo ha pintado. No sé qué hacer.

—Permítame hacerle una pregunta —le dije—. ¿Está opuesta a las computadoras?

—No, pero quiero que se pinte el cuarto.

—¿Está segura de que su esposo sabe que usted quiere que se pinte el cuarto?

—Sé que lo sabe —dijo—. Se lo he estado pidiendo durante nueve meses.

—Permítame hacerle una pregunta más. ¿Alguna vez su esposo hace algo bueno?

—¿Cómo qué?

—Ah, como ¿sacar la basura, echarle gasolina al auto, pagar la factura de la electricidad, correr a la tienda a buscar leche y papel de baño?

—Sí —dijo—, hace algunas de esas cosas.

—Entonces, tengo dos sugerencias. Una, no mencione nunca más que pinte el cuarto —y repetí—: No lo mencione de nuevo.

—No veo cómo eso va a ayudar —me respondió.

—Mire, acaba de decirme que él sabe que usted quiere que pinte el cuarto. No tiene que decírselo más. Ya lo sabe. La segunda sugerencia es que la próxima vez que su esposo haga algo bueno, elógielo. Si saca la basura, dígale: "Daniel, te agradezco mucho que saques la basura". No le diga: "¡Ya era hora de que sacaras la basura! Las moscas la iban a sacar por ti". Si ve que paga la factura de la electricidad, póngale la mano sobre el hombro y dígale: "Daniel, te agradezco de verdad que pagues la factura de la electricidad. Sé que hay esposos que no lo hacen y quiero que sepas cuánto lo aprecio". Cada vez que haga algo bueno, elógielo.

—No veo cómo vaya a lograr que se pinte el dormitorio.

—Usted pidió mi consejo —le dije—. Ya lo tiene. Es gratuito.

No estaba muy feliz conmigo cuando se marchó. Tres semanas más tarde, sin embargo, regresó a mi oficina y me

> **Los cumplidos verbales son motivadores más estupendos que los regaños constantes.**

dijo: «¡Dio resultado!». Aprendió que los cumplidos verbales son motivadores más estupendos que los regaños constantes. No estoy recomendando la adulación a fin de conseguir que tu cónyuge haga algo que quieres. El propósito del amor no es lograr algo que quieres, sino hacer algo por el bienestar de la persona que amas. No obstante, es un hecho que cuando recibimos palabras de afirmación, es más probable que nos sintamos motivados a corresponder y hacer algo que desea nuestro cónyuge.

PALABRAS ALENTADORAS

Los cumplidos verbales son solo una manera de expresarle palabras de afirmación a tu cónyuge. Otro dialecto es el de las palabras alentadoras. La palabra *alentar* significa «animar, infundir aliento o esfuerzo, dar vigor». Todos tenemos esferas en las que nos sentimos inseguros. Nos falta vigor, y esa falta de vigor a menudo nos impide hacer las cosas positivas que nos gustaría hacer. El potencial latente dentro de tu cónyuge en sus aspectos de inseguridad quizá esté a la espera de tus palabras alentadoras.

A Grisel siempre le había gustado escribir. A finales de su carrera universitaria, tomó algunos cursos de periodismo. Pronto se dio cuenta de que su entusiasmo por escribir excedía a su interés en historia, que fue su especialización académica. Era demasiado tarde para cambiar de especialidad, pero después de la universidad y sobre todo antes del nacimiento del primer bebé, escribió varios artículos. Envió un artículo a una revista, pero cuando recibió una nota de rechazo, nunca tuvo el valor de enviar otro. Ahora que sus hijos eran mayores y tenía más tiempo para considerar la posibilidad, Grisel escribía de nuevo.

Kevin, el esposo de Grisel, les había prestado muy poca atención a los escritos de Grisel al principio de su matrimonio. Estaba ocupado con su vocación y atrapado por la presión de su ascenso personal dentro de la corporación. Con el tiempo, sin embargo, Kevin se daría cuenta que el significado más profundo de la vida no se encuentra en los logros, sino en las relaciones. Había aprendido a darle más atención a Grisel y sus intereses. Así que fue bastante natural que una noche tomara uno de los artículos de Grisel y lo leyera. Cuando terminó, fue al cuarto donde Grisel leía un libro. Con gran entusiasmo, le dijo:

—Detesto interrumpir tu lectura, pero tengo que decirte esto. Acabo de leer tu artículo sobre "Cómo sacar el máximo provecho de los días feriados". ¡Grisel, eres una excelente escritora! ¡Este material se debe publicar! Escribes con claridad. Tus palabras pintan cuadros que puedo visualizar. Tienes un estilo fascinante. Debes enviar este artículo a alguna revista.

—¿En verdad lo crees? —preguntó indecisa Grisel.

—¡Claro que lo creo! —dijo Kevin—. ¡Te digo que es bueno!

Cuando Kevin salió de la habitación, Grisel no terminó su lectura. Con el libro cerrado sobre su falda soñó por treinta minutos en lo que le dijo Kevin. Se preguntaba si otros verían su artículo de la misma manera. Recordaba la nota de rechazo que recibió años antes, pero pensaba que era una persona diferente ahora. Sus artículos eran mejores. Antes de levantarse de la silla para beber agua, Grisel tomó una decisión. Enviaría sus artículos a diferentes revistas. Vería si podían publicarse.

Esas alentadoras palabras de Kevin se dijeron hace catorce años. Desde entonces, Grisel ha tenido numerosos artículos publicados y ahora tiene un contrato para escribir un libro. Es una excelente escritora, pero le hicieron falta las palabras alentadoras de su esposo que la inspiraran para dar el primer paso en el difícil proceso de conseguir la publicación de un artículo.

Quizá tu cónyuge tenga cierto potencial sin explotar en uno o más campos de su vida. Ese potencial tal vez esté a la espera de tus palabras alentadoras. A lo mejor necesite matricularse en un curso para desarrollar ese potencial. Es posible que le haga falta

El aliento requiere empatía y ver el mundo desde la perspectiva de tu cónyuge.

conocer a algunas personas que hayan triunfado en ese campo, quienes puedan darle una perspectiva sobre el próximo paso que necesite dar. Tus palabras pueden darle a tu cónyuge el valor necesario para dar ese primer paso. Por favor, ten en cuenta que no hablo de presionar a tu cónyuge para que haga lo que *tú* quieres. Hablo de animarlo a desarrollar un interés que ya tiene. Por ejemplo, una esposa quizá presione a su esposo para que busque un empleo más remunerado. La esposa piensa que está animando a su esposo, pero a él más bien le parece una condenación. Entonces, si tiene el deseo y la motivación para buscar un mejor puesto de trabajo, esas palabras fortalecerán su decisión. Hasta que no tenga ese deseo, sus palabras darán una imagen de crítica y causarán culpa. No expresan amor, sino rechazo.

En cambio, si él dice: «Oye, estoy pensando en iniciar un negocio personal de mantenimiento», ella tiene la oportunidad de darle palabras de aliento. Las palabras alentadoras serían más o menos como estas: «Si decides hacer eso, puedo decirte algo. Tendrás éxito. Esa es una de las cosas que me gustan de ti. Cuando te decides a hacer algo, lo logras. Si eso es lo que quieres hacer, de seguro que haré todo lo posible por ayudarte». Tales palabras quizá le den el aliento para comenzar a elaborar una lista de posibles clientes.

El aliento requiere empatía y ver el mundo desde la perspectiva de tu cónyuge. Primero, debemos saber lo que es importante para nuestro cónyuge. Solo entonces podemos alentarle. Con el aliento verbal, tratamos de comunicarle: «Lo sé. Me preocupo. Estoy contigo. ¿Cómo puedo ayudarte?». Tratamos de demostrarle que creemos en él y en sus capacidades. Le damos crédito y elogio.

Casi todos tenemos más potencial del que desarrollaremos jamás. Muchas veces lo que nos detiene es la falta de valor. Un cónyuge amoroso puede suministrar todos esos catalizadores importantes. Por supuesto, las palabras alentadoras quizá sean difíciles de expresar. Es posible que no sean tu lenguaje primario del amor. Si tienes un patrón de palabras de crítica y condena, te puede resultar muy difícil aprender este segundo lenguaje, pero puedo asegurarte que valdrá la pena el esfuerzo.

PALABRAS BONDADOSAS

El amor es bondad. Por lo tanto, si vamos a comunicar amor de forma verbal, debemos usar palabras bondadosas. Eso tiene que ver con la manera en que hablamos. La misma frase puede tener dos significados diferentes, dependiendo de cómo la digas. La declaración: «Te amo», dicha con bondad y ternura puede ser una genuina expresión de amor. Sin embargo, cuando se dice «¿Te amo?», los signos de interrogación cambian todo el sentido de estas dos palabras. A veces nuestras palabras dicen una cosa, pero el tono de voz dice otra. Enviamos mensajes dobles. Por lo general, nuestro cónyuge interpretará nuestro mensaje según nuestro tono de voz, no por las palabras que usamos.

«Me encantaría lavar los platos esta noche», dicho en un tono gruñón no se recibirá como una expresión de amor. Por otro lado, podemos manifestar sufrimiento, dolor y hasta enojo de una manera bondadosa, y será una expresión de amor. «Me siento desilusionado y dolido porque no me ofreciste tu ayuda esta noche», dicho con amable franqueza, puede ser una expresión de amor. La persona que habla quiere que su cónyuge la conozca. Está dando los pasos para forjar intimidad mediante la declaración de sus sentimientos. Está pidiendo una oportunidad para hablar de una herida, a fin de hallar sanidad.

Las mismas palabras expresadas en voz alta y severa no serán una expresión de amor, sino de condenación y juicio.

El perdón es el camino del amor.

La manera en que hablamos es de suma importancia. Un antiguo sabio dijo una vez: «La blanda respuesta quita la ira». Cuando tu cónyuge está enojado, alterado y arremete con palabras descomedidas, si decides ser amorosa no debes responderle de la misma manera, sino con una voz suave. Recibirá lo que dices como una información sobre su estado emocional. Lo dejarás hablar de su dolor, de su ira y su percepción de los acontecimientos. Procurarás ponerte en su lugar y ver el asunto con sus ojos y, luego, expresar con suavidad y bondad tu comprensión del porqué se siente de esa manera. Si actuaste mal con él, desearás reconocer tu error y pedirle perdón. Si tu motivación es diferente a la suya, le explicarás tu motivación con amabilidad. Procurarás la comprensión y la reconciliación, y no tratarás de demostrar que tu propia percepción es la única manera lógica de interpretar lo sucedido. Ese es amor maduro, amor al que aspiramos si buscamos un matrimonio creciente.

El amor no registra la puntuación de errores. El amor no revive los fracasos pasados. Ninguno de nosotros es perfecto. En el matrimonio no siempre hacemos lo mejor ni lo que es justo. A veces les hacemos o decimos cosas hirientes a nuestros cónyuges. No podemos borrar el pasado. Solo podemos confesarlo y aceptar que estuvo mal. Podemos pedir perdón y tratar de actuar de manera diferente en el futuro. Una vez que confieso mi fracaso y pido perdón, no puedo hacer nada más para mitigar el dolor que quizá le causara a mi esposa. Cuando mi esposa me ofende y ella con dolor me confiesa la falta y me pide perdón, tengo la opción de la justicia o del perdón. Si escojo la justicia y procuro vengarme o hacer que pague por su error, me convierto en juez y hago de ella el reo. La intimidad se vuelve imposible. No obstante, si decido perdonar, puede restaurarse la intimidad. El perdón es el camino del amor.

Estoy sorprendido de cómo muchos individuos estropean cada nuevo día con el ayer. Insisten en traer hoy los fracasos del ayer y, al hacerlo, contaminan un presente maravilloso en potencia. «No puedo creer que lo hicieras. Me parece que no lo olvidaré jamás. No puedes saber cuánto me heriste. No sé cómo puedes sentarte ahí con tanta presunción después que me trataras de esa manera. Deberías estar arrastrándote de rodillas suplicándome perdón. No sé si podré perdonarte alguna vez». Esas no son palabras de amor, sino de amargura, de resentimiento y de venganza.

Lo mejor que podemos hacer con los fracasos del pasado es dejar que sean historia. Sí, sucedió. De seguro que dolió. Además, quizá duela todavía, pero él reconoció su error y pidió tu perdón. No podemos borrar el pasado, pero podemos aceptarlo como historia. Podemos decidir vivir hoy libres de los errores del ayer. El perdón no es un sentimiento; es un compromiso. Es una decisión de mostrar misericordia, no de utilizar la ofensa contra el ofensor. El perdón es una expresión de amor. «Te amo. Me importas y decido perdonarte. Aun cuando mis sentimientos o heridas sigan presentes, no permitiré que lo sucedido se interponga entre nosotros. Espero que podamos aprender de esta experiencia. No eres un fracasado porque hayas fracasado. Eres mi cónyuge y juntos seguiremos de aquí en adelante». Esas son palabras de afirmación expresadas en el dialecto de las palabras bondadosas.

PALABRAS HUMILDES

El amor hace peticiones, no demandas. Cuando exijo cosas de mi esposa, me convierto en padre y ella en hija. El padre es el que le dice al hijo de tres años lo que debe hacer y, en realidad, lo que tiene que hacer. Eso es necesario debido a que el hijo de tres años no sabe aún cómo navegar en las traicioneras aguas de la vida. En el matrimonio, sin embargo, somos compañeros adultos en igualdad de condiciones. Si queremos desarrollar una relación íntima, necesitamos conocer los deseos mutuos. Si queremos amarnos el uno al otro, necesitamos conocer lo que desea la otra persona. La manera en que expresamos esos deseos, sin embargo, es crucial. Si se presentan como demandas, eliminamos la posibilidad de la intimidad y alejaremos a nuestro cónyuge. No obstante, si hacemos conocer nuestras necesidades y deseos como peticiones, damos orientación, no ultimátums. El esposo que dice: «¿Podrías hacer una buena pasta una de estas noches?», está dándole a su esposa una orientación de cómo amarlo y, de ese modo, forjar la intimidad. Por otra parte, el esposo que dice: «¿No podemos tener una comida decente por aquí?», está quejándose, está haciendo una demanda y es probable que su esposa le devuelva el fuego: «Está bien, ¡cocina tú!». La esposa que dice: «¿Crees que te será posible limpiar los canalones de desagüe este fin de semana?», está expresando amor mediante una petición. Sin embargo, la esposa que dice: «Si no se limpian pronto los canalones, van a derrumbar la casa. ¡Ya tienen árboles creciendo allí!», ha dejado de amar y se ha convertido en una esposa dominante.

Cuando le haces una petición a tu cónyuge, afirmas su valor y sus capacidades. En esencia, le das a entender que tiene algo, o puede hacer algo, que es significativo y valioso para ti. Sin embargo, cuando haces demandas, no eres un amante, sino un tirano. Tu cónyuge no se sentirá afirmado, sino humillado. Una petición presenta el elemento de la decisión. Quizá tu pareja decida responder a tu petición o negarla, porque el amor siempre es una decisión. Esto es lo que lo hace significativo. El conocimiento de que mi esposa me ama lo suficiente como para responder a una de mis peticiones me comunica de manera emocional que se preocupa por mí, me respeta, me admira y desea hacer algo que me agrade. No podemos obtener amor emocional por la vía de la demanda. Es más, tal vez mi esposa cumpla mis exigencias, pero eso no es una expresión de amor. Es un acto de temor, culpa o de cualquier otra emoción, pero no de amor. Por lo tanto, una petición crea la posibilidad para una expresión de amor, mientras que una demanda elimina esa posibilidad.

CUADERNOS... Y MÁS

Uno de los cinco lenguajes básicos del amor es el de las palabras de afirmación. Dentro de ese lenguaje, sin embargo, existen muchos dialectos. Ya analizamos algunos y hay muchos más. Se han escrito volúmenes enteros y numerosos artículos sobre estos dialectos. Todos tienen en común el uso de palabras que afirmen al cónyuge de uno. El psicólogo William James dijo que posiblemente la necesidad más profunda del ser humano es la de sentirse apreciado. Las palabras de afirmación llenarán esa necesidad en muchos individuos. Si tú no eres una persona de palabras, si ese no es tu lenguaje primario del amor pero crees que quizá sea el lenguaje del amor de tu cónyuge, te sugiero que tengas un cuaderno titulado «Palabras de afirmación». Cuando leas un artículo o libro sobre el amor, anota las palabras de afirmación que encuentres. Cuando escuches una conferencia sobre el amor o escuches por casualidad a un amigo diciendo algo positivo acerca de otra persona, escríbelo. Con el tiempo, coleccionarás una buena lista de palabras de afirmación que puedes usar para comunicarle amor a tu cónyuge.

También puedes intentar dar palabras indirectas de afirmación; es decir, diciendo cosas positivas de tu cónyuge cuando no esté presente. En cualquier momento, alguien se lo dirá a tu cónyuge, y recibirás todo el crédito por el amor. Dile a la madre de tu esposa lo fantástica que es tu esposa. Cuando tu suegra le cuente lo que dijiste, le añadirá y conseguirás aun mayor crédito. Además, afirma a tu cónyuge delante de otros cuando esté presente. Cuando le honren en público por algún triunfo, asegúrate de participar de ese homenaje con tu cónyuge. También puedes tratar de escribir palabras de afirmación. Las palabras escritas tienen la ventaja de leerse una y otra vez.

Hace unos años, aprendí una importante lección acerca de las palabras de afirmación y los lenguajes del amor en Little Rock, Arkansas, cuando visité a Marcos y Andrea en su hogar en un hermoso día de primavera. El entorno era idílico... por fuera. Una vez dentro, sin embargo, descubrí la verdad. Su matrimonio estaba en ruinas. Doce años y dos hijos después del día de la boda, se preguntaban por qué se habían casado. Parecían discrepar en todo. Lo único en lo que de veras estaban de acuerdo era en que amaban a los hijos.

Mientras se revelaba la historia, observé que Marcos era un adicto al trabajo y que para Andrea tenía poco tiempo. Andrea trabajaba media jornada, sobre todo para salir de la casa. Su método de lucha era retraerse. Trataban de poner distancia entre los dos de modo que sus conflictos no parecieran tan grandes. Aun así, el indicador de ambos tanques de amor decía «vacío».

Me dijeron que habían estado yendo a consejería matrimonial, pero parecía que no progresaban mucho. Asistieron a mi seminario para matrimonios y yo dejaba la ciudad al día siguiente. Es probable que este fuera mi último encuentro con ellos, así que decidí poner todas las cartas sobre la mesa.

Pasé una hora con cada uno por separado. Escuché con atención ambas historias. Descubrí que a pesar del vacío de su relación y sus muchos desacuerdos, apreciaban ciertas cosas el uno del otro. Marcos reconoció que Andrea era una «buena madre». Entonces, continuó: «Solo que no recibo ningún afecto suyo. Me mato trabajando y no lo aprecia». En mi conversación con Andrea, aceptó que Marcos era un excelente proveedor. «Sin embargo», se quejó, «no hace nada en la casa para ayudarme, y nunca tiene tiempo para mí. ¿De qué sirve tener cosas agradables si nunca las disfrutamos juntos?».

Con esa información decidí enfocar mi consejo haciéndole solo una sugerencia a cada uno. Les dije a Marcos y Andrea, por separado, que cada uno tenía la clave para cambiar el ambiente emocional del matrimonio. «Esa clave», dije, «es expresar aprecio verbal por las cosas que les guste de la otra persona y, por el momento, suspender sus quejas sobre las cosas que no les gusten». Revisamos los comentarios positivos que ya habían hecho el uno y el otro, y los ayudé a redactar una lista de esos rasgos positivos. La lista de Marcos se centró en las actividades de Andrea con sus hijos, el hogar y la iglesia. La lista de Andrea se centró en el duro trabajo de Marcos y en la provisión financiera de la familia. Hicimos las listas lo más específicas posibles.

La lista de Andrea se veía así:

* Es dinámico en su trabajo.
* Ha recibido varias promociones a través de los años.
* Es un buen administrador financiero.
* Siempre está pensando en maneras de mejorar su productividad.
* Es generoso con las finanzas, y acepta que pueda usar el dinero de mi trabajo de cualquier manera en que lo desee.

La lista de Marcos se veía así:

* Mantiene nuestra casa limpia y ordenada.
* Ayuda a los niños con sus deberes escolares.
* Hace la comida unos tres días a la semana.
* Enseña la clase de primer grado en la Escuela Dominical.
* Lleva a los niños a todas sus actividades.

Les sugerí que añadieran a la lista las cosas que notaran en las siguientes semanas. También les sugerí que, dos veces a la semana, escogieran un rasgo positivo y le expresaran apreciación verbal al cónyuge por eso. Les di una indicación más. Le dije a Andrea que si Marcos la elogiaba, no debía decirle otro a él en ese momento, sino que más bien debía recibirlo y decir: «Gracias por decirme eso». A Marcos le dije lo mismo. Los animé a hacerlo cada semana por dos meses, y si lo encontraban útil, podían continuar. Si el experimento no ayudaba al ambiente emocional del matrimonio, podrían anotarlo como otro intento fallido.

Al día siguiente, tomé el avión y regresé a casa. Hice una nota para prestarles atención dos meses más tarde a fin de ver lo sucedido. Cuando los llamé en pleno verano, pedí hablar con cada uno por separado. Me sorprendió descubrir que la actitud de Marcos había dado un gigantesco paso hacia delante. Adivinó que le di a Andrea el mismo consejo que a él, pero todo estaba bien. Le encantó. Andrea apreciaba su arduo trabajo y su provisión para la familia. «En realidad, me ha hecho sentir como un hombre de nuevo. Todavía tenemos mucho trecho que recorrer, doctor Chapman, pero de veras creo que estamos en el camino».

Cuando hablé con Andrea, sin embargo, me di cuenta de que solo había dado un pasito hacia delante. Me dijo: «Algo ha mejorado, doctor Chapman. Marcos me está dando elogios verbales como usted sugirió, y supongo que es sincero. En cambio, aún no pasa tiempo conmigo. Todavía está tan ocupado con el trabajo que nunca tenemos un tiempo juntos».

Mientras escuchaba a Andrea, supe que había hecho un descubrimiento significativo. El lenguaje del amor de una persona no es necesariamente el lenguaje del amor de otra. Era obvio que el lenguaje primario del amor de Marcos era palabras de afirmación. Era un buen trabajador y disfrutaba de su trabajo, pero lo que más deseaba de su esposa era expresiones de agradecimiento por su trabajo. Es probable que ese patrón se estableciera en la infancia, y la necesidad por afirmación verbal no era menos importante en su vida adulta. Andrea, por otro lado, clamaba de manera emocional por algo más. Eso nos lleva al segundo lenguaje del amor.

TU TURNO

¿Qué te gustaría más escuchar que te diga tu cónyuge?

SI EL LENGUAJE DEL AMOR DE TU CÓNYUGE ES
PALABRAS DE AFIRMACIÓN:

1. Recuerda que «Palabras de afirmación» es el lenguaje primario del amor de tu cónyuge, imprime lo siguiente en una tarjeta y ponla en un espejo o en otro lugar donde la veas todos los días:

   ¡Las palabras son importantes!

   ¡Las palabras son importantes!

   ¡Las palabras son importantes!

2. Durante una semana, mantén un registro escrito de todas las palabras de afirmación que le das a tu cónyuge cada día. Quizá te asombres de lo bien (o lo mal) que estás expresando palabras de afirmación.

3. Establece una meta a fin de hacerle a tu cónyuge un cumplido diferente cada día durante un mes. Si «una manzana al día del médico te alejaría», tal vez un cumplido al día del consejero te alejaría. (Es posible que desees registrar estos cumplidos también, así no duplicarás las declaraciones).

4. Aprende a decir «Te amo» u otras expresiones de afirmación en un par de lenguajes diferentes.

5. Elogia a tu cónyuge en presencia de sus padres o amigos. Recibirás un crédito doble: Tu cónyuge se sentirá amado, o amada, y los padres se sentirán afortunados de tener un gran yerno o nuera.

6. Busca los puntos fuertes de tu cónyuge y dile cuánto aprecias esas fortalezas. Sé específico: «Me gusta cómo llegas a la gente en la iglesia que no parecen tener a nadie con quien hablar». O: «Te mantienes de veras al día en la búsqueda de empleo. Sé que dará sus frutos».

7. De vez en cuando, envíale por correo electrónico o por un mensaje de texto una nota de afirmación durante el día o cuando uno de los dos esté viajando. O si sabes que tu cónyuge está teniendo un día difícil, envíale un enlace a una página web divertida.

8. Dale gracias a tu pareja por algo que hacen de manera rutinaria y no esperaría que le elogiaran por eso.

NOTA

1. Proverbios 18:21.

5

SEGUNDO LENGUAJE DEL AMOR

Tiempo de calidad

Debí haber captado el lenguaje primario del amor de Andrea desde el principio. ¿Qué decía esa noche de primavera cuando los visité a ella y a Marcos en Little Rock? «Marcos no pasa tiempo conmigo. ¿De qué sirven todas las cosas si jamás las disfrutamos juntos?». ¿Cuál era su deseo? Tiempo de calidad con Marcos. Deseaba su atención. Deseaba que se enfocara en ella, que le diera tiempo, que hiciera cosas con ella.

Por «tiempo de calidad», me refiero a darle a alguien toda la atención. No me refiero a que se sienten juntos en el sofá para ver la televisión. Cuando pasas tiempo de esa manera, Netflix o HBO tienen tu atención, no tu cónyuge. Lo que quiero decir es sentarse en el sofá con el televisor apagado, mirándose el uno al otro y conversando, los dispositivos guardados, dándose toda su atención mutua. Significa dar un paseo, solos los dos, o salir a comer y mirarse el uno al otro y conversar.

El tiempo es un bien precioso. Todos tenemos múltiples demandas en nuestro tiempo, pero cada uno de nosotros tiene con exactitud las mismas horas en un día. Podemos aprovechar al máximo esas horas comprometiendo algunas de ellas a nuestro cónyuge. Si el lenguaje primario del amor de tu pareja es tiempo de calidad, solo quiere que tú, estando con ella, pases tiempo. Siempre que sea el tipo de tiempo adecuado.

¿Alguna vez has notado que en un restaurante casi siempre se puede decir la diferencia entre una pareja de novios y una pareja casada? La pareja de novios se miran y conversan. La pareja de casados se sienta allí y miran alrededor del restaurante. ¡Se podría pensar que fueron allí para comer!

Cuando me siento con mi esposa y le presto veinte minutos de toda mi atención y ella hace lo mismo para mí, nos damos veinte minutos de vida. Nunca más tendremos esos veinte minutos; nos damos nuestras vidas el uno al otro. Esto es un poderoso comunicador emocional de amor.

Una medicina no puede curar todas las enfermedades. En mi consejo para Marcos y Andrea, cometí un grave error. Supuse que las palabras de afirmación significarían lo mismo para ella como para él. Esperaba que cambiara el ambiente emocional si cada uno le daba una afirmación verbal al otro, y ambos comenzarían a sentirse amados. A Marcos le dio resultado. Comenzó a sentirse más positivo en cuanto a Andrea, sintiendo su auténtico aprecio por su arduo trabajo, pero no resultó del mismo modo para Andrea, pues las palabras de afirmación no eran su lenguaje primario del amor. Su lenguaje era tiempo de calidad.

Llamé a Marcos, quien me dijo que Andrea no estaba muy feliz todavía.

—Creo que sé el porqué —le dije—. El problema es que sugerí el lenguaje del amor equivocado.

Marcos no tenía la más mínima idea de lo que le quería decir. Le expliqué que lo que hace a una persona sentirse amada de manera emocional no siempre hace que la otra persona se sienta amada de forma emocional.

Marcos estuvo de acuerdo en que su lenguaje era el de palabras de afirmación. Me contó lo mucho que eso significó para él cuando era niño y lo bien que se sentía cuando su esposa le expresaba su aprecio por las cosas que hacía. Le expliqué que el lenguaje de Andrea no era palabras de afirmación, sino tiempo de calidad. Le expliqué el concepto de darle a alguien su total atención, no hablando con ella mientras veía los deportes o leía mensajes de texto, sino mirándole a los ojos, dándole toda la atención, haciendo algo con ella que le guste y hacerlo de todo corazón.

—Como acompañarla a un concierto sinfónico —me dijo. Podía decir que las luces venían a Little Rock.

—Doctor Chapman, eso es de lo que siempre se ha quejado. No hacía cosas con ella; ni pasaba tiempo a su lado. A menudo me dice: "Antes de casarnos, íbamos a distintos lugares y hacíamos cosas, pero ahora estás demasiado ocupado"». Ese es su lenguaje del amor, de acuerdo; no hay discusión. Sin embargo, doctor Chapman, ¿qué voy a hacer? Mi trabajo exige mucho.

—Háblame de eso —le dije.

Durante los siguientes diez minutos, me hizo la historia de su ascenso en la escala organizativa, de lo mucho que había trabajado y de lo orgulloso que estaba de sus logros. Me contó de sus sueños para el futuro y de que sabía que dentro de los próximos cinco años estaría donde deseaba estar.

—¿Quieres estar allí solo o quieres estar con Andrea y los niños? —le pregunté.

—Quiero que ella esté conmigo, doctor Chapman. Quiero que lo disfrute conmigo. Por eso siempre me duele tanto cuando me critica por pasar tiempo en el trabajo. Lo estoy haciendo por nosotros. Quería que fuera parte de esto, pero siempre es muy negativa.

«En realidad, no detesta tu trabajo. Detesta el hecho de que recibe muy poco amor de ti».

—¿Comienzas a ver por qué es tan negativa, Marcos? —le pregunté—. Su lenguaje del amor es tiempo de calidad. Tú le has dado tan poco tiempo que su tanque de amor está vacío. No se siente segura de tu amor. Por lo tanto, las emprende contra lo que piensa que le roba tu tiempo, tu trabajo. En realidad, no detesta tu trabajo. Detesta el hecho de que recibe muy poco amor de ti. Solo hay una respuesta, Marcos, y es costosa. Tienes que sacar tiempo para Andrea. Tienes que amarla en su lenguaje adecuado del amor.

—Sé que tiene razón, doctor Chapman. ¿Dónde comienzo?

Le pregunté a Marcos si tenía su cuaderno a mano, el mismo sobre el que anotó cosas positivas sobre Andrea.

—Aquí está.

—Muy bien. Vamos a hacer otra lista. ¿Cuáles son algunas de las cosas que sabes que Andrea quiere que hagas con ella? Las cosas que ha mencionado a través de los años.

He aquí la lista de Marcos:

- Pasar un fin de semana en las montañas (algunas veces con los niños y otras solos nosotros dos).

- Vernos para almorzar (en un buen restaurante o en ocasiones hasta en el de «Panera»).

- Cuando vuelva a casa por la noche, sentarnos y conversar acerca de mi día y escucharla mientras me cuenta sobre su día. (No quiere que vea televisión mientras tratamos de conversar).

- Pasar tiempo hablando con los niños acerca de sus experiencias escolares.

- Dedicar tiempo para jugar con los niños.

- Ir de picnic con ella y los niños un sábado y no quejarme por las hormigas y las moscas.

- Tomar vacaciones con la familia al menos una vez al año.
- Pasear con ella y conversar mientras caminamos.

Cuando terminó la lista de Marcos, le dije:

—Sabes lo que voy a sugerirte, ¿verdad, Marcos?

—Que las haga —dijo.

—Así es, una a la semana durante los próximos dos meses. ¿De dónde sacarás el tiempo? Hallarás el tiempo. Eres un hombre inteligente —continué—. No estarías donde estás si no fueras bueno para tomar decisiones. Tienes la capacidad para planificar tu vida y para incluir a Andrea en tus planes.

—Lo sé —dijo—. Puedo hacerlo.

—Además, Marcos, esto no tiene que tener en poco tus metas vocacionales. Solo significa que cuando llegues a la cima, Andrea y los niños estarán contigo.

—Eso es lo que quiero más que nada —dijo Marcos con sentimiento.

Los años han venido y se han ido. Andrea y Marcos han tenido altibajos, pero lo importante es que todo lo han hecho juntos. Los hijos ya dejaron el nido, y Marcos y Andrea están de acuerdo en que estos son sus mejores años. Marcos se ha convertido en un entusiasta aficionado de la música sinfónica, y Andrea ha hecho una lista interminable en su cuaderno de las cosas que aprecia sobre Marcos. Él nunca se cansa de oírlas.

ATENCIÓN ENFOCADA

No es suficiente con solo estar en la misma habitación con alguien. Un ingrediente clave al ofrecerle a tu cónyuge tiempo de calidad es darle una atención enfocada, en especial en esta era de muchas distracciones. Cuando un padre está sentando en el suelo tirándole una pelota a su hijo de dos años, su atención no está centrada en la pelota, sino en su hijo. Sin embargo, en ese breve momento, sin importar el tiempo que dure, están juntos. En cambio, si el padre está hablando por teléfono mientras tira la pelota, su atención está reducida. Algunos esposos y esposas piensan que pasan tiempo el uno con el otro cuando, en realidad, solo viven a corta distancia. Están en la misma casa a la misma vez, pero no están juntos. Una esposa que está enviando mensajes de texto mientras su esposo trata de hablar con ella no le está dando tiempo de calidad, porque él no tiene su total atención.

El tiempo de calidad no significa que tengamos que pasar nuestros momentos mirándonos a los ojos. Quiere decir que hacemos algo juntos y que vamos a darle toda nuestra atención a la otra persona. La actividad en que estamos ocupados es incidental. Lo importante es que emocionalmente pasamos tiempo centrados el uno en el otro. La actividad es un vehículo que crea el sentido de unión. Lo importante con el padre que hace rodar la pelota hacia el hijo de dos años no es en sí la actividad, sino los sentimientos que se crean entre el padre y su hijo.

Del mismo modo, un esposo y una esposa que van a correr juntos, si el tiempo de calidad es genuino, no se enfocarán tanto en la carrera, sino en el hecho de que pasan tiempo juntos. Lo que importa es lo que sucede en el ámbito emocional. El empleo de tiempo en una actividad en común comunica que nos interesamos el uno por el otro, que disfrutamos de nuestra compañía mutua, que nos gusta hacer cosas juntos.

CONVERSACIÓN DE CALIDAD

Al igual que las palabras de afirmación, el lenguaje del tiempo de calidad tiene también muchos dialectos. Uno de los dialectos más comunes es la *conversación de calidad*. Por conversación de calidad, me refiero a un diálogo comprensivo donde los dos individuos expresan sus experiencias, pensamientos, sentimientos y deseos en un contexto amistoso e ininterrumpido. Casi todos los individuos que se quejan de que sus cónyuges no conversan, no significa literalmente que nunca digan una palabra. Quiere decir que rara vez participan, de un diálogo comprensivo. Si el lenguaje primario del amor de tu cónyuge es tiempo de calidad, tal diálogo es crucial para su sentimiento emocional de ser amado. La conversación de calidad es bastante diferente del primer lenguaje del amor. Las palabras de afirmación se concentran en lo que decimos, mientras que la conversación de calidad se concentra en lo que escuchamos. Si te demuestro mi amor a través del tiempo de calidad y vamos a pasar ese tiempo en la conversación, eso significa que me concentraré en sacarte más palabras, escuchando de manera comprensiva lo que tienes que decirme. Te haré preguntas, sin importarte, sino con un verdadero deseo de entender tus pensamientos, sentimientos y deseos.

Conocí a Patricio cuando él tenía cuarenta y tres años y llevaba diecisiete años de casado. Lo recuerdo porque sus primeras palabras fueron dramáticas. Se sentó en la silla de cuero de mi oficina y después de presentarse con unas pocas palabras, se inclinó hacia delante y dijo con gran emoción:

—Doctor Chapman, he sido un tonto, un verdadero tonto.

—¿Qué te llevó a esa conclusión? —le pregunté.

—He estado casado durante diecisiete años —dijo—, y mi esposa me dejó. Ahora me doy cuenta de lo tonto que he sido.

—¿De qué manera has sido un tonto? —repetí mi pregunta original.

—Mi esposa venía a casa de su trabajo y me contaba los problemas de su oficina. La escuchaba y después le decía lo que pensaba que debía hacer. Siempre la aconsejaba. Le decía que tenía que afrontar el problema. "Los problemas no desaparecen. Tienes que hablar con las personas involucradas o con tu supervisor. Tienes que lidiar con los problemas". Al día siguiente, venía a casa del trabajo y me contaba los mismos problemas. Le preguntaba si hizo lo que le sugerí el día anterior. Sacudía su cabeza y decía que no.

»Después de tres o cuatro noches de eso, me enojé. Le dije que no esperara ninguna comprensión de mi parte si no estaba dispuesta a aceptar el consejo que le daba. No tenía que vivir bajo esa clase de estrés y presión. Podía resolver el problema si solo hacía lo que le decía. Me dolía verla vivir bajo tal estrés, porque sabía que no tenía que ser así. La próxima vez que me trajera el problema le diría: "No quiero oírlo. Te dije lo que debes hacer. Si no vas a escuchar mi consejo, no quiero oírlo".

> Aprender a escuchar puede ser tan difícil como aprender un idioma extranjero, pero debemos aprender si queremos comunicar el amor.

»Entonces, me distancié y me dediqué a mis asuntos. Qué tonto fui —me dijo—, ¡qué tonto! Ahora me doy cuenta que no quería mi consejo cuando me contaba sobre sus luchas en el trabajo. Deseaba comprensión. Deseaba que la escuchara, que le prestara atención, que le dijera que yo podía entender su dolor, su estrés, su presión. Deseaba saber que la amaba y que estaba de su parte. Ella no quería consejo; solo deseaba saber que la comprendía. Sin embargo, nunca traté de entender. Estaba demasiado ocupado dando consejos. Y ahora se fue.

La esposa de Patricio le había estado suplicando conversación de calidad. En lo emocional, anhelaba que le prestara atención al escuchar de su dolor y frustración. Patricio no se preocupaba por escuchar, sino por hablar. Solo escuchó lo suficiente para oír el problema y formular una solución. No escuchó lo bastante bien para oír el clamor por apoyo y entendimiento.

Muchos de nosotros somos como Patricio. Estamos preparados para analizar los problemas y buscar soluciones. Olvidamos que el matrimonio es una relación, no un proyecto para terminar ni un problema para resolver. Una relación requiere que se escuche de forma comprensiva, a fin de entender los pensamientos, sentimientos y deseos de la otra persona. Debemos estar dispuestos a dar consejos, pero solo cuando se nos pida y nunca de una manera condescendiente. La mayoría de nosotros tiene poca preparación para escuchar. Somos mucho más eficientes en pensar y hablar. Aprender a escuchar puede ser tan difícil como aprender un idioma extranjero, pero debemos aprender si queremos comunicar el amor. Esto es cierto en especial si el lenguaje primario del amor de tu cónyuge es tiempo de calidad, y si su dialecto es conversación de calidad. Por fortuna, se han escrito numerosos libros acerca de cómo desarrollar el arte de escuchar. No intentaré repetir lo que está escrito en otra parte, pero sugiero el siguiente resumen de consejos prácticos.

1. Mantén contacto visual cuando habla tu cónyuge. Eso impide que tu mente vague y le asegura que tiene toda tu atención.

2. No escuches a tu cónyuge y hagas otra cosa al mismo tiempo. Recuerda, el tiempo de calidad es darle a alguien toda tu atención. Si estás haciendo algo, no puedes apartar de allí tu atención de inmediato, dile a tu cónyuge la verdad. Una estrategia positiva podría ser: «Sé que tratas de hablar conmigo y me interesa, pero quiero darte toda mi atención. No puedo hacer eso ahora mismo, pero si me das diez minutos para terminar esto, me sentaré y te escucharé». La mayoría de los cónyuges respetará tal petición.

3. Escucha los sentimientos. Pregúntate: «¿Qué emoción está experimentando mi cónyuge?». Cuando creas que tienes la respuesta, confírmalo. Por ejemplo: «Me parece que te sientes desilusionada porque olvidé _____». Eso le da la posibilidad de aclarar sus sentimientos. También indica que escuchas con suma atención lo que te dice.

4. Observa el lenguaje corporal. Los puños apretados, las manos temblorosas, las lágrimas, el ceño fruncido y los

movimientos de los ojos quizá te den pistas de cómo se está sintiendo el otro. A veces el lenguaje corporal da un mensaje, mientras las palabras expresan otro. Pide aclaración para asegurarte de que sabes lo que está pensando y sintiendo de veras.

5. Niégate a interrumpir. Investigaciones recientes indican que el individuo promedio solo escucha diecisiete segundos antes de interrumpir e intercalar sus propias ideas. Si te doy mi atención total mientras hablas, me abstendré de defenderme, lanzar acusaciones en tu contra o indicar de manera dogmática mi posición. Mi meta es descubrir tus pensamientos y sentimientos. Mi objetivo no es defenderme ni llamarte la atención. Es entenderte.

APRENDE A CONVERSAR

La conversación de calidad no solo requiere comprensión para escuchar, sino también autorrevelación. Cuando una esposa dice: «Desearía que mi esposo hablara. Nunca sé lo que piensa ni siente», suplica intimidad. Quiere sentirse cerca de su esposo, ¿pero cómo puede sentirse cerca de alguien que no conoce? A fin de sentirse amada, él debe aprender a revelarse a sí mismo. Si el lenguaje primario del amor de ella es tiempo de calidad y su dialecto es conversación de calidad, su tanque emocional del amor nunca se llenará hasta que él no le exprese sus pensamientos y sentimientos.

La autorrevelación no es fácil para algunos de nosotros. Quizá creciéramos en hogares donde no se estimulaba la expresión de pensamientos y sentimientos, sino que se silenciaba. Pedir un juguete era recibir un sermón sobre el lamentable estado de la economía familiar. El niño salía sintiéndose culpable por tener ese deseo, y en seguida aprendía a no expresar sus deseos. Cuando expresaba enojo, los padres le respondían con palabras duras y condenadoras. Por lo tanto, el niño aprendía que no era apropiado expresar los sentimientos de enojo. Si hacían sentir culpable al niño por expresar desilusión por no poder ir a la tienda con su padre, aprendía a guardar dentro su desilusión. Cuando llegamos a la edad adulta, muchos hemos aprendido a negar nuestros sentimientos. Ya no estamos en contacto con nuestro ser emocional. Una esposa le dice a su esposo: «¿Cómo te sentiste por lo que hizo Esteban?». Y el esposo responde: «Creo que actuó mal. Debería...», pero no le expresa sus sentimientos. Manifiesta sus pensamientos. Tal vez tenga razón para sentir enojo o desilusión, pero ha vivido tanto tiempo en el mundo del pensamiento que no reconoce sus sentimientos. Cuando decide aprender el lenguaje de la conversación de calidad, será como aprender un idioma extranjero. El lugar para empezar es poniéndose en contacto con sus sentimientos, aceptando que es una criatura emocional, a pesar de que ha negado esa parte de su vida.

Si necesitas aprender el lenguaje de la conversación de calidad, comienza observando las emociones que sientes fuera de tu casa. Lleva siempre contigo un pequeño bloc de notas. Pregúntate tres veces al día: «¿Qué emociones he sentido en las últimas tres horas? ¿Qué sentí en el camino al trabajo cuando el conductor detrás de mí manejaba pegado a mi parachoques? ¿Qué sentí cuando me detuve en la gasolinera y la bomba automática no cerró, y el costado de mi auto estaba cubierto de gasolina? ¿Qué sentí cuando llegué a la oficina y descubrí que el proyecto en el que trabajaba había que terminarlo en tres días, cuando pensaba que tendría otras dos semanas?».

Escribe tus sentimientos en tu bloc de notas y una palabra o dos que te ayuden a recordar el hecho correspondiente al sentimiento. Tu lista quizá sea como esta:

Evento	Sentimientos
• maneja pegado a mi parachoques	• enojado
• estación de gasolina	• muy molesto
• proyecto de trabajo pendiente	• frustrado y ansioso

Haz ese ejercicio tres veces al día y desarrollarás una conciencia real de tu naturaleza emocional. Usando tus notas, comunícale de manera concisa a tu cónyuge tus emociones y los hechos, tantos días como sea posible. En pocas semanas, te sentirás bien expresándole tus emociones. Además, al final, te sentirás bien analizando tus emociones hacia tu cónyuge, los hijos y las cosas que suceden en el hogar. Recuerda, las emociones en sí no son buenas ni malas. Son solo nuestras respuestas psicológicas a los eventos de la vida.

Basados en nuestros pensamientos y emociones, tomamos nuestras decisiones a la larga. Cuando el conductor de atrás iba pegado a ti en la autopista y te sentiste enojado, quizá tuvieras estos pensamientos: Me gustaría que me dejara de molestar; me gustaría que me pasara; si creyera que no me atraparían, presionaría el acelerador y lo dejaría en un cambio de luces; frenaría de pronto, y dejaría que su compañía de seguros me comprara un auto nuevo; quizá me apartara de la carretera y lo dejara pasar.

Al fin y al cabo, tomaste alguna decisión o el otro conductor se quedó atrás, dobló o te pasó, y tú llegaste sano y salvo al trabajo. En cada evento de la vida, tenemos emociones, pensamientos, deseos y, a la larga, acciones. A la expresión de ese proceso se le llama autorrevelación. Si decides aprender el dialecto del amor de la conversación de calidad, ese es el camino del aprendizaje que debes seguir.

LOS MARES MUERTOS Y LOS ARROYOS MURMURADORES

No todos estamos desconectados de nuestras emociones, pero cuando se trata de hablar, la personalidad nos afecta a todos. He observado dos tipos básicos de personalidad. Al primero lo llamo el «Mar Muerto». En la pequeña nación de Israel, el mar de Galilea fluye hacia el sur a través del río Jordán hasta el mar Muerto. El mar Muerto no va a ninguna parte. Recibe, pero no da nada. Este tipo de personalidad recibe muchas experiencias, emociones y pensamientos a lo largo del día. Tiene un gran depósito donde almacena esa información, y son perfectamente felices sin hablar. Si le dices a una personalidad de mar Muerto: «¿Qué pasa? ¿Por qué no hablas esta noche?», es probable que responda: «No pasa nada. ¿Qué te hace pensar que algo anda mal?». Y esa respuesta es muy sincera. Le alegra no hablar. Podría conducir desde Chicago a Detroit y nunca decir una palabra y ser feliz por completo.

En el otro extremo está el «Arroyo Murmurador». Para esta personalidad, lo que quiera que entra por la puerta del ojo o por la del oído sale por la puerta de la boca, y rara vez hay más de sesenta segundos entre los dos. Lo que quiera que vean, lo que quiera que oigan, lo dicen. Es más, si nadie está en casa para hablar, llamarán a alguien. «¿Sabes lo que vi? ¿Sabes lo que oí?». Si no pueden conseguir a alguien por teléfono, quizá hablen solos porque no tienen depósito de almacenaje. Muchas veces un Mar Muerto se casa con un Arroyo Murmurador. Eso sucede porque cuando son novios, forman una pareja muy atractiva.

Si eres un Mar Muerto y tienes un noviazgo con un Arroyo Murmurador, tendrás una encantadora velada. No tienes que pensar: «¿Cómo iniciaré la conversación esta noche? ¿Cómo mantendré la conversación?». En realidad, no tienes nada que pensar. Todo lo que tienes que hacer es asentir con la cabeza y decir: «Ajá, ajá», y la otra persona se encargará de llenar toda la noche, y te irás a casa diciendo: «¡Qué persona tan maravillosa!». Por otro lado, si eres un Arroyo Murmurador y tienes un noviazgo con un Mar Muerto, tendrás veladas igual de maravillosas porque los Mares Muertos son los mejores oyentes del mundo. Tú hablarás por tres horas. Te escuchará con suma atención y volverás a casa diciendo: «Qué persona tan maravillosa». Ustedes se atraen el uno al otro. No obstante, cinco años después del matrimonio, el Arroyo Murmurador se despierta una mañana

y dice: «Llevamos cinco años de casados y no lo conozco». El
Mar Muerto dice: «Yo la conozco demasiado bien. Desearía que
dejara de fluir por un rato y me diera un descanso». La buena noticia es que el Mar Muerto puede aprender a hablar y el Arroyo
Murmurador puede aprender a escuchar. Nuestra personalidad
influye en nosotros, pero no nos controla.

Una manera de aprender nuevos patrones es estableciendo
un tiempo mutuo cada día en el que cada uno hablará acerca
de tres cosas que le sucedieron ese día y cómo se sintieron
al respecto. Lo llamo el «Requisito Mínimo Diario» para un
matrimonio saludable. Si comienzas con el mínimo diario, en
unas semanas o en pocos meses descubrirás que la conversación
de calidad fluye con más libertad entre los dos.

ACTIVIDADES DE CALIDAD

Además del lenguaje del amor básico del tiempo de calidad, o
el de darle a tu cónyuge tu total atención, existe otro dialecto
llamado actividades de calidad. En un reciente seminario de
matrimonios, les pedí a las parejas que completaran la siguiente oración: «Me siento más amado por mi cónyuge cuando
_____». He aquí la respuesta de un esposo de vein-
tinueve años de edad que llevaba ocho de casado: «Me siento más
amado por mi esposa cuando hacemos cosas juntos, las cosas que
me gusta hacer y las cosas que le gusta hacer a ella. Conversamos
más. A uno le parece un poco que somos novios de nuevo». Esta
es una respuesta típica de individuos cuyo lenguaje del amor es
tiempo de calidad. El énfasis se encuentra en estar juntos y hacer
cosas, en darse atención total el uno al otro.

Las actividades de calidad pueden incluir cualquier cosa en
que uno o ambos tengan interés. El énfasis no está en qué hacen,
sino en por qué lo hacen. El propósito es experimentar algo los
dos y que se marchen con este sentimiento: «Él se preocupa por
mí. Estuvo dispuesto a hacer algo conmigo que disfruto, y lo

hizo con una actitud positiva». Eso es amor y, para algunas personas, es la voz más alta del amor.

Uno de los pasatiempos favoritos de Emilia es curiosear en las librerías de segunda mano. «Me encanta desaparecer entre los estantes de libros y ver qué tesoros puedo encontrar», dice. Su esposo, Jeffrey, sin ser un ávido lector, ha aprendido a disfrutar estas experiencias con Emilia y hasta le señala libros que quizá disfrute. Emilia, por su parte, ha aprendido a hacer concesiones y a no obligar a Jeffrey a pasar horas en los estantes. Como resultado, Jeffrey dice con orgullo: «Desde el principio, me hice el propósito de que si hubiera un libro que quisiera Emilia, se lo compraría». Quizá Jeffrey nunca se convierta en un ratón de biblioteca, pero se ha vuelto competente en amar a Emilia.

Las actividades de calidad pueden incluir cosas como plantar un jardín, visitar sitios históricos, observar aves, ir a un concierto, trabajar juntos o tener otra pareja más para la sopa y el pan hechos en casa. Las actividades solo las limitan tu interés y disposición para probar nuevas experiencias. Los ingredientes esenciales en una actividad de calidad son: (1) que al menos uno de los dos quiera hacerlo, (2) el otro esté dispuesto a hacerlo, y (3) ambos sepan por qué lo hacen: expresarse amor al estar juntos.

Uno de los derivados de las actividades de calidad es que proporcionan un banco de recuerdos del cual extraer en los próximos años. Afortunada es la pareja que recuerda de un brumoso paseo a lo largo de la costa temprano en la mañana, la primavera en que plantaron un jardín en la pradera, el día que visitaron de nuevo el vecindario de su infancia, la noche en que asistieron a su primer juego de béisbol, la única vez que fueron juntos a esquiar y él se fracturó la pierna, los momentos tranquilos trabajando lado a lado durante la noche en la oficina de la casa y, claro que sí, el encanto de pararse debajo de una catarata después de una caminata de tres kilómetros. Casi pueden sentir la llovizna cuando la recuerdan. Esos son recuerdos del amor, en especial para la persona cuyo lenguaje primario del amor es tiempo de calidad.

¿Y dónde encontramos el tiempo para tales actividades, sobre todo si ambos tienen profesiones fuera del hogar? Hacemos tiempo, al igual que lo hacemos para almorzar y cenar. ¿Por qué? Porque es tan esencial para nuestro matrimonio como las comidas para nuestra salud. ¿Es difícil? ¿Requiere una planificación cuidadosa? Sí. ¿Significa que tenemos que renunciar a algunas actividades individuales? Tal vez. ¿Significa que hacemos cosas que no disfrutamos en lo particular? De seguro (observa a Jeffrey y Emilia). ¿Son valiosas? Sin duda. ¿Qué saco yo de eso? El placer de vivir con un cónyuge que se siente amado y sabe que he aprendido a hablar con fluidez su lenguaje del amor.

Una palabra personal de agradecimiento para Marcos y Andrea en Little Rock, quienes me enseñaron el valor del primer lenguaje del amor, palabras de afirmación, y el segundo lenguaje del amor, tiempo de calidad. Ahora, vamos hacia Chicago y al tercer lenguaje del amor.

TU TURNO

¿Qué le resta valor en tu matrimonio el pasar tiempo de calidad?

SI EL LENGUAJE DEL AMOR DE TU CÓNYUGE ES
TIEMPO DE CALIDAD:

1. Algunas parejas están juntas mucho más que otras. Si ese es tu caso, no trates de hacer de cada momento en que estén juntos «tiempo de calidad». Designa tiempos específicos y lugares para el compañerismo planificado.

2. Pídele a tu cónyuge una lista de cinco actividades que le gustaría hacer contigo, no des por sentado que las sabes. Hagan planes de hacer una de ellas cada mes durante los cinco meses siguientes. Si el dinero es un problema, intercalen actividades gratuitas.

3. Una manera de disfrutar tiempo de calidad a la distancia es incluyendo a tu cónyuge en tu día tal y como está sucediendo. Envíale una foto de algo que viste camino a la oficina o comunícale un incidente divertido que sucedió en una reunión. Una mujer dijo: «Mi esposo me envió una foto donde estaban sentados él, mi hija y el perro en el portal. Yo estaba en el trabajo y me hizo sentir como si estuviera con ellos».

4. Piensa en una actividad que disfruta tu cónyuge, pero que te dé un poco de placer a ti: algún tiempo de fútbol, artesanía, fotografía de la naturaleza. Dile a tu cónyuge que estás tratando de ampliar tus horizontes y que te gustaría unirte a ellos en esta

actividad en algún momento de este mes. Fija una fecha y aporta tu mejor esfuerzo.

5. Planea una escapada de un fin de semana solo para ustedes dos en algún momento dentro de los próximos seis meses. Asegúrate de que sea un fin de semana cuando no tengas que estar en contacto con la oficina ni tengas un compromiso familiar. Concéntrense en descansar juntos haciendo lo que disfruten los dos o uno de los dos.

6. Dediquen tiempo cada día para comentar entre sí algunos de los eventos del día. Cuando pasas más tiempo viendo las noticias de lo que se escuchan el uno al otro, terminas más preocupado por el Oriente Medio que por tu cónyuge. O bien: Cuando pasas más tiempo en *Facebook* de lo que se escuchan entre sí, terminas más preocupado por tus cien «amigos» que por tu pareja.

7. Tienes que hacer las tareas de todos modos, así que hablas mientras quitas el polvo, ordenas y lavas la ropa. ¡Harás que el trabajo vaya mucho más rápido!

8. Lean juntos la sección de viajes en el periódico del domingo y sueñen en voz alta sobre los lugares que les gustaría ir. Si van de veras a esos lugares o no, es divertido imaginarlo juntos.

REGALOS

TERCER LENGUAJE DEL AMOR

Regalos

E rik pasó un año en la «zona de amigos» de Victoria antes de que le aceptara una salida con él. Como ambos eran grandes aficionados al béisbol, Erik la llevó a un partido de las Ligas Menores en Indianápolis. Estaban sentados en una zona cubierta de hierba, más allá de la cerca del jardín izquierdo, cuando de repente se produjo un duro golpe. Erik dio un impresionante salto y atrapó la pelota con la mano desnuda... su primer jonrón atrapado hasta ahora.

Dos días después, Victoria encontró un paquete envuelto en papel de regalo fuera de su cuarto. Lo abrió y encontró una pelota de béisbol en una pequeña caja plástica de exhibición (del tipo que usan los coleccionistas). En el interior de la caja había un talón de billete del juego. Escrita en la pelota estaba la fecha del juego y estas palabras:

El primer jonrón atrapado
La segunda mejor cosa que me sucedió ese día

Se casaron dos años después de esa primera cita. Quince años más tarde, esa pelota de béisbol, todavía en su caja de exhibición, está encima de la cómoda de Victoria donde puede verla todos los días. Es la primera cosa que agarraría si la casa estuviera en llamas.

UN RECUERDO DE AMOR

Cuando estudié antropología, pude «visitar» grupos de personas de todo el mundo. Fui a América Central y estudié las avanzadas culturas de los mayas y los aztecas. Atravesé el Pacífico y estudié los pueblos tribales de la Melanesia y la Polinesia. Estudié los esquimales de la tundra septentrional y a los aborígenes ainus del Japón. Examiné los patrones culturales relacionados con el amor y el matrimonio, y descubrí que en cada cultura que estudiaba, los regalos eran parte del proceso del amor en el matrimonio.

Los antropólogos están tan intrigados por los patrones culturales que tienden a penetrar en las culturas, y así estaba yo. ¿Podría ser que el dar regalos sea una expresión tan importante del amor que trascienda las barreras culturales?

Uno de mis viajes de campo en antropología fue a la isla de Dominica. Nuestro propósito era estudiar la cultura de los indios caribeños, y conocí a Fred en el viaje. Fred no era un caribeño, sino un joven negro de veintiocho años de edad. Fred había perdido una mano en un accidente de pesca con dinamita. Desde el accidente, no pudo seguir en la pesca. Tenía mucho tiempo disponible y le agradecí su compañía. Pasamos juntos muchas horas hablando de su cultura.

—Sr. Gary, ¿quisiera un poco de jugo? —me dijo Fred en mi primera visita a su casa.

A lo que respondí con entusiasmo. Se volvió hacia su hermano menor y le dijo:

—Ve a buscarle a Gary un poco de jugo.

Su hermano se dio la vuelta, bajó por el sendero de tierra, trepó a un cocotero y regresó con un coco verde.

—Ábrelo —-ordenó Fred.

Con tres rápidos movimientos de machete, su hermano destapó el coco, dejando un agujero triangular en la parte superior. Fred me entregó el coco y dijo:

—Jugo para usted.

Estaba verde, pero yo lo bebí, todo, porque sabía que era un regalo de amor. Yo era su amigo, y a los amigos se les da jugo.

Al final de nuestras semanas juntos, mientras me preparaba para partir de esa pequeña isla, Fred me dio una muestra final de su amor. Era un palo retorcido de dos centímetros y medio de largo que tomó del mar. Estaba suave de tanto golpear contra las rocas. Fred dijo que ese palo había estado en las playas de Dominica por mucho tiempo, y quería que lo tuviera como un recuerdo de esta hermosa isla. Aun hoy, cuando miro ese palo, casi puedo escuchar el sonido de las olas del Caribe, pero no es tanto un recuerdo de Dominica como lo es un recuerdo de amor.

Un regalo es algo que puedes tener en tu mano y decir: «Mira, él estaba pensando en mí» o «Ella se acordó de mí». Debes pensar en alguien para darle un regalo. El regalo mismo es un símbolo de ese pensamiento. No importa si cuesta dinero. Lo importante es que pensaste en él. Y lo único que cuenta no es ese pensamiento implantado en la mente, sino el pensamiento expresado en conseguir en realidad el regalo y dárselo como la expresión del amor.

> Los símbolos visuales del amor son más importantes para unas personas que para otras.

Las madres recuerdan los días en los que sus hijos les traían de regalo una flor del jardín. Se sentían amadas, aun si era un diente de león o una flor que no querían que la cortara. Desde temprana edad, los niños se inclinan a darles regalos a sus padres, lo cual quizá sea otro indicio de que el regalo es fundamental para el amor.

Los regalos son símbolos visuales del amor. La mayoría de las ceremonias de boda incluyen dar y recibir anillos. La persona que celebra la ceremonia dice: «Estos anillos son símbolos externos y visibles de un lazo interno y espiritual que unen sus dos corazones en el amor que no tiene fin». Eso no es una retórica sin sentido. Expresa con palabras una verdad significativa: los símbolos que tienen un valor emocional. Tal vez eso se demuestre de manera más gráfica cerca del final de un matrimonio que se desintegra, cuando el esposo o la esposa dejan de usar el anillo de bodas. Es una señal visual de que el matrimonio está en serias dificultades. Un esposo dijo: «Cuando me arrojó sus anillos de bodas y con gran enfado salió de la casa dando un portazo, supe que nuestro matrimonio estaba en serios problemas. No recogí sus anillos por dos días. Cuando al fin lo hice, no podía dejar de llorar». Los anillos solitarios conmovieron las profundas emociones dentro del esposo.

Los símbolos visuales del amor son más importantes para unas personas que para otras. Por eso es que los individuos tienen diferentes actitudes hacia los anillos de boda. Algunos nunca se quitan el anillo después de la boda. Otros nunca usan un anillo después de la boda. Si recibir regalos es mi lenguaje primario del amor, daré gran valor al anillo que me diste y lo usaré con gran orgullo.

Invertir en amar a tu cónyuge es invertir en empresas estables con alto nivel de liquidez.

También me conmoverán mucho de manera emocional otros regalos que me des a través de los años. Los veré como expresiones de amor. Sin regalos como símbolos visuales, quizá cuestione tu amor.

Los regalos vienen en todos los tamaños, formas y colores. Algunos son costosos y otros son gratuitos. Para la persona cuyo lenguaje primario del amor es recibir regalos, el costo del regalo importará poco, a menos que el obsequio esté en desacuerdo total con tus posibilidades. Si un millonario casi siempre solo da regalos de un dólar, su cónyuge puede cuestionarse si eso es una expresión de amor, pero cuando las finanzas familiares están limitadas, un regalo de un dólar puede representar millones de dólares de amor.

Los regalos pueden comprarse, encontrarse o hacerse. El esposo que encuentra una pluma interesante de ave mientras corría y la lleva a casa para su esposa, ha encontrado una expresión de amor, a menos que su esposa sea alérgica a las plumas. Para el hombre que puede pagarla, puede comprar una hermosa tarjeta por menos de cinco dólares. Para el hombre que no puede pagarla, puede hacer una que no le cueste nada. Toma un papel, lo dobla por la mitad, toma una tijera y recorta un corazón, escribe «Te amo» y pone su nombre. Los regalos no necesitan ser caros.

Sin embargo, qué pasa con la persona que dice: «No soy un dador de regalos. No recibí muchos regalos en mi infancia. Nunca aprendí a escoger regalos. No es algo que me viene con naturalidad». Felicitaciones, acabas de hacer el primer descubrimiento para ser un gran amante. Tu esposa y tú hablan diferentes lenguajes del amor. Ahora que hiciste ese descubrimiento, procede a aprender tu segundo lenguaje. Si el lenguaje primario del amor de tu cónyuge es recibir regalos, puedes llegar a ser un dador experto. En realidad, es uno de los lenguajes del amor más fáciles de aprender.

¿Dónde comienzas? Haz una lista de todos los regalos con los que tu cónyuge ha expresado entusiasmo al recibirlos a través de los años. Quizá sean regalos que le diste tú o le dieron otros familiares o amigos. La lista te dará una idea de la clase de regalos que tu cónyuge disfrutaría al recibirlos. Si tienes poco o ningún conocimiento sobre la selección del tipo de regalos de tu lista, pídeles la ayuda a familiares que conocen a tu cónyuge. Mientras tanto, escoge los regalos que te resultan fáciles de comprar, hacer o encontrar, y dáselos a tu cónyuge. No esperes una ocasión especial. Si recibir regalos es su lenguaje primario del amor, casi cualquier cosa que le des lo recibirá como una expresión de amor. (Si ha criticado tus regalos en el pasado y casi nada de lo que le has dado resultó aceptable, es muy probable que los regalos no sea su lenguaje primario del amor).

LA MEJOR INVERSIÓN

Si vas a ser un eficiente dador de regalos, quizá tengas que cambiar tu actitud respecto al dinero. Cada uno de nosotros tiene una percepción particular en cuanto al objetivo del dinero, y tenemos varias emociones asociadas con la manera de gastarlo. Algunos somos dados a gastarlo. Nos sentimos bien con nosotros mismos cuando gastamos dinero. Otros tienen una perspectiva de ahorrar e invertir. Nos sentimos bien con nosotros mismos cuando ahorramos dinero y lo invertimos con sabiduría.

Si eres un derrochador, no tendrás muchos problemas para comprarle regalos a tu cónyuge; pero si eres ahorrativo, experimentarás una resistencia emocional ante la idea de gastar dinero como una expresión de amor. No compras cosas para ti mismo. ¿Por qué deberías comprar cosas para tu cónyuge? Sin embargo, esa actitud no reconoce que estás comprando cosas para ti mismo. Al ahorrar e invertir dinero, estás comprando autoestima y seguridad emocional. Estás atendiendo tus propias necesidades emocionales con la manera en que administras el dinero. Lo que no haces es suplir las necesidades emocionales de tu cónyuge. Si descubres que el lenguaje primario del amor de tu cónyuge es recibir regalos, quizá comprendas que comprarle regalos sea la mejor inversión que puedas hacer. Inviertes en tu relación y llenas el tanque de amor emocional de tu cónyuge, y con un tanque lleno de amor, es probable que te corresponda con tu amor emocional en un lenguaje que entenderás. Cuando se suplen las necesidades emocionales de ambas personas, tu matrimonio adquirirá una dimensión nueva por completo. No te preocupes por tus ahorros. Siempre serás ahorrativo, pero invertir en amar a tu cónyuge es invertir en empresas estables con alto nivel de liquidez.

EL REGALO DE UNO MISMO

Existe un regalo intangible que a veces dice más que un regalo que uno pueda sostener en su mano. Le llamo el regalo de uno mismo o el regalo de la presencia. Estar presente cuando tu cónyuge te necesita le dice mucho a la persona cuyo lenguaje primario del amor es recibir regalos.

—Mi esposo ama más el sófbol que a mí —me dijo una vez Sonia.

—¿Por qué dices eso? —le pregunté.

—El día en que nació nuestro bebé, jugó al sófbol. Yo estuve toda la tarde en el hospital mientras él jugaba sófbol —me dijo.

—¿Y él estuvo presente cuando nació el bebé? —le pregunté.

—Se quedó el tiempo suficiente para que naciera el bebé, pero diez minutos después, se marchó. Fue horrible. Era un momento muy importante en nuestras vidas. Quería que lo compartiéramos juntos. Quería que Tony estuviera allí conmigo.

Ese «bebé» tiene ahora quince años de edad, y Sonia hablaba de ese suceso con gran emoción, como si hubiera sucedido ayer. Yo indagué más.

—¿Has basado tu conclusión de que Tony ama más al sófbol que a ti en esa sola experiencia?

—No —contestó—. El día del funeral de mi madre, también jugó sófbol.

—¿Fue al funeral?

—Sí, claro. Fue al funeral, pero en cuanto se terminó, se fue a jugar. Yo no podía creerlo. Mis hermanos y hermanas se fueron a casa conmigo, pero mi esposo estaba jugando sófbol.

Si la presencia física de tu cónyuge es importante para ti, te insto a que se lo digas.

Más tarde, le pregunté a Tony acerca de estos dos eventos. Sabía con exactitud de lo que le estaba hablando.

—Sabía que lo mencionaría —me dijo—. Estuve todo el tiempo durante el parto y cuando nació el bebé. Tomé fotos. Yo estaba tan feliz que apenas podía esperar para mostrarles las fotos a mis amigos del equipo, pero el encanto se rompió cuando regresé al hospital esa noche. Ella estaba furiosa conmigo. No podía creer lo que me decía. Pensaba que estaría orgullosa de mí por contárselo al equipo.

»¿Y cuando murió su madre? Es probable que no le contara que pedí una semana en el trabajo antes de que muriera y me pasé toda la semana en el hospital y en la casa de su madre haciendo reparaciones y ayudando. Después que murió y se terminó el funeral, sentí que había hecho todo lo que podía. Necesitaba un respiro. Me gusta jugar sófbol y sabía que eso me ayudaría a relajarme y aliviar un poco el estrés en que había estado. Pensé que ella quería que me tomara el descanso.

»Había hecho lo que pensaba que era importante para ella, pero no fue suficiente. Nunca me ha dejado olvidar esos dos días. Dice que amo más al sófbol que a ella. Eso es absurdo.

Era un esposo sincero que no comprendía el tremendo poder de la presencia. En la mente de ella era más importante su presencia que ninguna otra cosa. La presencia física en tiempos de crisis es el regalo más poderoso que puedes darle a tu cónyuge si su lenguaje primario del amor es recibir regalos. Tu cuerpo se convierte en el símbolo de tu amor. Elimina el símbolo, y desaparecerá el significado del amor. En consejería, Tony y Sonia superaron los obstáculos de las heridas y los malentendidos del pasado. Al final, Sonia fue capaz de perdonarlo, y Tony llegó a entender el porqué su presencia era tan importante para ella.

Si la presencia física de tu cónyuge es importante para ti, te insto a que se lo digas. No esperes que lea tu mente. Si por otro lado tu cónyuge te dice: «De veras quiero que estés conmigo esta noche, mañana, esta tarde», toma en serio esa petición. Desde tu perspectiva, quizá no sea importante; pero si no eres sensible a esa petición, tal vez comuniques un mensaje que no tenías la intención de dar. Un esposo me dijo una vez: «Cuando mi madre murió, el supervisor de mi esposa dijo que podía salir dos horas para el funeral, pero que necesitaba que regresara a la oficina por la tarde. Mi esposa le dijo que sentía que su esposo necesitaba su apoyo ese día y que tendría que estar fuera el día entero. El supervisor respondió: "Si te vas todo el día, es muy probable que pierdas el empleo".

»Mi esposa le dijo: "Mi esposo es más importante que mi empleo". Así que pasó el día conmigo. De algún modo, ese día me sentí más amado que nunca antes. Jamás he olvidado lo que hizo.

»Dicho sea de paso, ella no perdió su empleo. Pronto se marchó su supervisor y le pidieron que ocupara ese trabajo». Esa esposa habló el lenguaje del amor de su esposo, y él nunca lo olvidó.

MILAGRO EN CHICAGO

Casi todo lo que se ha escrito alguna vez sobre el tema del amor indica que en el corazón del amor está el espíritu de dar. Los cinco lenguajes del amor nos desafían a darle a nuestro cónyuge, pero para algunos, recibir regalos, símbolos visibles del amor, habla más alto. Escuché la ilustración más gráfica de esa verdad en Chicago, donde conocí a Daniel y Katia.

Asistieron a mi seminario sobre el matrimonio y se ofrecieron para llevarme al aeropuerto O'Hare después del seminario un sábado por la tarde. Teníamos dos o tres horas antes de mi vuelo y me preguntaron si desearía parar en un restaurante. Estaba hambriento, así que acepté de buena gana.

Una vez sentados, Katia comenzó a hablar casi de inmediato.

—Doctor Chapman, Dios lo usó para realizar un milagro en nuestro matrimonio. Hace tres años, asistimos por primera vez a un seminario suyo sobre el matrimonio aquí en Chicago. Estaba desesperada —me dijo—. Pensaba muy en serio dejar a Daniel y se lo dije así. Nuestro matrimonio había estado vacío por mucho tiempo. Me había dado por vencida. Durante años, le reclamaba a Daniel que necesitaba su amor, pero nunca respondía. Amaba a los niños y sabía que ellos me amaban, pero sentía que nada venía de Daniel. Es más, por ese tiempo, lo detestaba. Era una persona metódica. Lo hacía todo por rutina. Era tan previsible como un reloj, y nadie podía invadir su rutina.

»Por años —continuó—, traté de ser una buena esposa. Hacía todas las cosas que pensaba que haría una buena esposa. Tenía relaciones sexuales porque sabía lo importantes que eran para él, pero no sentía su amor. Sentía que dejó su compromiso conmigo después que nos casamos y solo me daba por sentado. Me sentía usada e inapreciada.

»Cuando hablaba con Daniel sobre mis sentimientos, se reía de mí y decía que teníamos un matrimonio tan bueno como cualquier otro en la comunidad. No comprendía por qué yo era tan infeliz. Hacía que recordara que se pagaban las cuentas, que teníamos una casa bonita y un auto nuevo, que tenía la libertad de trabajar o no fuera del hogar, y que debía estar feliz en lugar de quejarme todo el tiempo. Ni siquiera trataba de comprender mis sentimientos. Me sentía rechazada por completo.

»Bueno, de cualquier manera —dijo Katia mientras movía su taza de té y se inclinaba hacia delante—, asistimos a su seminario hace tres años. No sabía qué esperar y, a decir verdad, no esperaba mucho. No creía que nadie pudiera cambiar a Daniel. Durante el seminario y después de este, no hablaba mucho. Pareció gustarle. Entonces, ese lunes por la tarde, llegó a casa del trabajo y me dio una rosa. "¿Dónde la conseguiste?", le pregunté. "Se la compré a un vendedor ambulante", dijo. "Pensaba que merecías una rosa". Comencé a llorar. "Ah, Daniel, ¡qué gran detalle!".

»El martes, me mandó un mensaje de texto desde la oficina alrededor de la una y media y me preguntó qué creía acerca de si compraba una pizza y la llevaba a casa para la cena. Eso quizá no parezca gran cosa para muchas personas, pero Daniel nunca hacía cosas como esas. Le dije que creía que la idea era maravillosa, así que compró la pizza y tuvimos un agradable tiempo. Le di un abrazo y le dije lo mucho que lo disfruté.

»Cuando llegó a casa el miércoles, le trajo a cada niño una caja de galletitas, y una planta en una pequeña maceta para mí. Me dijo que sabía que la rosa moriría, y pensó que podría gustarme algo que sobreviviría durante algún tiempo. ¡Comenzaba a pensar que estaba alucinando! No podía creer lo que estaba haciendo Daniel ni por qué lo hacía.

»El jueves por la noche después de la cena, me entregó una tarjeta con un mensaje acerca de que no siempre podía expresar su amor por mí, pero que esperaba que la tarjeta me comunicara cuánto le importaba. "¿Por qué no conseguimos una niñera para el sábado por la noche y salimos los dos a cenar?", me sugirió. "Eso sería maravilloso", le dije. El viernes por la tarde se detuvo en la tienda de galletas y nos compró a cada uno nuestras galletitas favoritas. De nuevo, lo guardó como una sorpresa, diciéndonos que solo nos tenía que dar algo para el postre.

»Para el sábado por la noche —dijo—, estaba en órbita. No tenía ni idea de lo que se había apoderado de Daniel, ni si iba a durar, pero estaba disfrutando de cada minuto. Después de nuestra cena en el restaurante, le dije: "Daniel, tienes que decirme qué está pasando. No comprendo".

Katia se me quedó mirando con fijeza y dijo:

—Doctor Chapman, este era un hombre que jamás me había dado un regalo, hasta ahora. Nunca me había dado una tarjeta por ninguna ocasión. Siempre decía: "Es un desperdicio de dinero; miras la tarjeta y la botas". Nunca les compraba nada a los niños y esperaba que yo solo comprara las cosas esenciales. Esperaba que yo tuviera la cena lista cada noche. Es decir, esto fue un cambio radical en su conducta.

Me volví a Daniel y le pregunté:

—¿Qué le dijiste en el restaurante cuando te preguntó qué era lo que estaba sucediendo?

—Le dije que en el seminario había escuchado su conferencia sobre los lenguajes del amor y que me di cuenta que su lenguaje del amor era el de los regalos. También me di cuenta de que no le había dado un regalo en años, tal vez desde que nos casamos. Recordé que cuando éramos novios, solía llevarle flores y otros pequeños obsequios, pero después del matrimonio me imaginé que no tenía que hacerlo. Le dije que había decidido que iba a tratar de darle un regalo cada día por una semana y ver si eso producía algún cambio en ella. Tengo que admitir que noté una gran diferencia en su actitud durante la semana.

»Le dije que me había dado cuenta de que lo que usted dijo era verdad, y que aprender el lenguaje adecuado del amor era la clave para que la otra persona se sintiera amada. Le dije que lamentaba haber sido tan torpe todos esos años y que le hubiera fallado al suplir sus necesidades de amor. Le dije que la amaba de verdad y que apreciaba todas las cosas que hacía por mí y los niños. Le dije que con la ayuda de Dios, sería un dador de regalos por el resto de mi vida.

»Entonces ella me dijo: "Pero Daniel, no puedes comprarme regalos todos los días por el resto de tu vida. ¡No puedes hacer eso!". "Bueno, tal vez no todos los días, pero al menos una vez a la semana. Eso sería cincuenta y dos regalos más por año que lo que recibiste en los últimos cinco años".

—Creo que no ha fallado ni una sola semana en tres años —dijo Katia—. Es un nuevo hombre. No creería lo felices que hemos sido. Ahora nuestros hijos nos llaman "tortolitos". Mi tanque está lleno y rebosante.

Me volví a Daniel y le pregunté:

—Entonces, ¿qué me dices de ti, Daniel? ¿Te sientes amado por Katia?

—Ah, siempre me he sentido amado por ella, doctor Chapman. Hace mucho para ayudarme a mí y a los niños. Se encarga de las finanzas, sabe dónde todos debemos estar y cuándo, se mantiene en contacto con mi familia a través de *Facebook*... Sé que me ama —sonrió y dijo—: Ahora sabe cuál es mi lenguaje del amor, ¿verdad?

Lo sabía, y también sabía por qué Katia usó la palabra *milagro*.

Los regalos no tienen que ser costosos, ni deben darse cada semana. No obstante, para algunas personas, su valor no tiene nada que ver con el dinero y todo que ver con el amor.

TU TURNO

Reflexiona sobre las maneras de dar regalos, aun si las finanzas están apretadas.

SI EL LENGUAJE DEL AMOR DE TU CÓNYUGE ES
REGALOS:

1. Has oído hablar de los doce días de Navidad. ¿Qué tal unos doce días de regalos para el cumpleaños de tu cónyuge o para el aniversario de boda?

2. Permite que te guíe tu naturaleza: La próxima vez que salgan a caminar por el vecindario, mantén los ojos abiertos por un regalo para tu cónyuge. Quizá sea una piedra, un palillo o una pluma. Incluso, puedes darle un significado especial a tu sencillo regalo. Por ejemplo, una piedra lisa puede simbolizar tu matrimonio con muchos de los lugares ásperos pulidos ahora. Una pluma puede simbolizar cómo tu cónyuge es el «viento debajo de tus alas».

3. Descubre el valor de los «originales hechos a mano». Confecciona un regalo para tu cónyuge. Esto quizá requiera que te matricules en una clase de arte o artesanía: cerámica, orfebrería, pintura, tallado de madera, etc. Tu propósito principal para la matrícula es hacerle un regalo a tu cónyuge. Muchas veces, un regalo hecho a mano se convierte en una reliquia familiar.

4. Cuando estén apretados de dinero, piensa en regalos simbólicos apropiados. Miren las fotos de casas hermosas y sueñen despiertos sobre qué clase de casa tendrían si el dinero no fuera un impedimento. En lugar de billetes de avión, hagan un «vuelo de fantasía» a Dubái o Sídney.

5. Mantén un «Cuaderno para ideas de regalos». Cada vez que escuches a tu esposa decir: «Eso me gusta de veras» o «Ay, ¡yo quisiera tener uno de esos!», escríbelo en tu cuaderno. (Cuántos de nosotros tenemos la experiencia de preguntarle a alguien lo que quiere para su cumpleaños o Navidad y obtener la respuesta: «Ah, no sé...»). Escucha con atención y obtendrás una lista completa. Esto te servirá como una guía cuando te prepares a la hora de seleccionar un regalo. Para calentar motores, pueden revisar juntos un sitio en línea para compras.

6. Recluta a un «comprador personal». Si en verdad no tienes idea de cómo seleccionar un regalo para tu cónyuge, pídele a un amigo o un familiar que conozca bien a tu cónyuge que te ayude. A la mayoría de la gente le encanta hacer feliz a un amigo consiguiéndole un regalo, en especial si es con tu dinero.

7. Ofrece el regalo de la presencia durante un tiempo especialmente difícil en la vida de tu cónyuge... quizá si él está cuidando a un padre anciano o si ella está lidiando con una crisis laboral.

8. Regálale a tu cónyuge un libro y comprométete a leerlo. Luego, proponle que analicen juntos un capítulo cada semana. No escojas un libro que quieres que lea tu cónyuge. Escoge un libro sobre un tema que sepas que le interesa: sexo, fútbol,

cocina *gourmet*, inversiones, crianza de los hijos, religión, historia.

9. Haz un tributo duradero. Realiza una donación a la obra benéfica favorita de tu cónyuge en honor de su cumpleaños, su aniversario u otra ocasión. Pídele a la obra benéfica que le envíe a tu cónyuge una tarjeta que le informe lo que hiciste. La iglesia o la obra benéfica se entusiasmarán al igual que lo hará tu cónyuge.

ACTOS DE SERVICIO

7

CUARTO LENGUAJE DEL AMOR

Actos de servicio

Michelle se sentó en la sala, tecleando en la computadora portátil. Podía escuchar los sonidos desde el cuarto de planchar, donde su esposo Braulio se ponía al día con los montones de ropa. Sonrió para sí. En los últimos días, Braulio había limpiado el apartamento, preparado la cena y realizado las diligencias, todo porque Michelle estaba en medio del trabajo para su tesis de posgrado. La hacía sentir contenta... amada.

El lenguaje primario del amor de Michelle era lo que llamo «actos de servicio». Por actos de servicio, me refiero a hacer cosas que sabes que a tu cónyuge le gustaría que hicieras. Procuras complacerla mediante el servicio, a fin de expresarle tu amor al hacer cosas para ella. Así fue con Daniel y Katia, a quienes conocimos en el capítulo anterior.

Tales acciones como hacer la comida, poner la mesa, vaciar el lavaplatos, pasar la aspiradora, limpiar una cómoda, cambiarle el pañal al bebé, recoger una receta médica, mantener el auto en óptimas condiciones, pagar las facturas, podar los arbustos, sacar a pasear al perro y lidiar con los arrendatarios y las compañías de seguros son actos de servicio. Requieren reflexión, planificación, tiempo, esfuerzo y energía. Si se hacen con un espíritu positivo, de seguro son expresiones de amor. Y no necesariamente demandan mucho tiempo. Un hombre siempre le temía a la tarea de traer las latas de basura del borde de la acera al final de una larga semana de trabajo. Lo único que quería hacer era ir directo a la casa, quitarse los zapatos y relajarse. Sin embargo, algunas noches eran diferentes: «Cuando doblaba por la calle y recorría con la mirada el horizonte buscando las latas derribadas, no se veían en ninguna parte. Mi esposa ya las había llevado al garaje. La acera vacía era un claro mensaje para mí: "Estaba pensando en ti. Estabas conmigo, incluso cuando te encontrabas fuera"»[1].

CONVERSACIÓN EN UN PUEBLO INDUSTRIAL

Descubrí el impacto de los actos de servicio en el pequeño pueblo de China Grove, en Carolina del Norte. El asentamiento original de China Grove fue entre los árboles del paraíso, no lejos del legendario Mayberry de Andy Griffith. En la época de esta historia, China Grove era un pueblo dedicado a la industria textil con una población de mil quinientos habitantes. Había estado lejos por más de diez años estudiando antropología, psicología y teología. Ahora, realizaba mi visita semestral para mantenerme en contacto con mis raíces.

Casi todos los que conocía, excepto el Dr. Shin y el Dr. Smith, trabajaban en la fábrica textil. El doctor Shin era el médico y el doctor Smith era el dentista. Y por supuesto, allí estaba el predicador Blackburn, quien era el pastor de la iglesia. Para la mayoría de las parejas en China Grove, la vida se centraba en el trabajo y la iglesia. La conversación en toda la fábrica tenía que ver con la última decisión del supervisor y cómo afectaba esta a sus trabajos en particular. Los servicios en la iglesia se centraban sobre todo en los anticipados gozos del cielo. En ese prístino escenario estadounidense descubrí el cuarto lenguaje del amor. Estaba parado debajo de un árbol del paraíso después que salí de la iglesia un domingo cuando se me acercó una joven pareja. No conocía a ninguno de los dos. Supuse que crecieron en mi ausencia. Presentándose, David dijo:

—Sé que ha estado estudiando consejería.

—Bueno, un poquito —le dije sonriendo.

—Tengo una pregunta —me dijo—. ¿Puede una pareja tener éxito en el matrimonio si discrepan en todo?

Esta era una de esas preguntas teóricas que yo sabía que tenían una raíz personal. Fui directo al punto.

—¿Por cuánto tiempo han estado casados?

—Dos años —respondió—. Y no estamos de acuerdo en nada.

—Dame algunos ejemplos —dije.

—Bueno, en primer lugar, a María no le gusta que yo vaya de cacería. Trabajo en la fábrica toda la semana y me gusta ir de cacería los sábados... no todos los sábados, sino en la temporada de caza.

María había estado callada hasta este momento cuando interrumpió:

—Cuando termina la temporada de caza, se va de pesca y, además de eso, no solo caza los sábados. No va al trabajo para irse de cacería.

—Una o dos veces al año dejo de trabajar dos o tres días para ir de cacería a las montañas con algunos amigos —dijo David irritado—. ¿Qué de malo tiene eso?

—¿En qué otra cosa no están de acuerdo? —pregunté.

—Bueno, ella quiere que vaya siempre a la iglesia. No me importa ir el domingo por la mañana, pero el domingo por la noche me gusta descansar. Está bien si ella quiere ir, pero no creo que yo tenga que ir.

Una vez más, María habló.

—En verdad, no quieres que yo vaya tampoco —dijo—. Te molestas cada vez que salgo por la puerta.

Sabía que las cosas no se solucionarían en un día caluroso bajo la sombra de un árbol frente a una iglesia. Como un joven aspirante a consejero, temía que fuera algo demasiado difícil, pero estando preparado para hacer preguntas y escuchar, continué.

—¿En qué otras cosas no están de acuerdo?

—Desea que me quede en el hogar todo el día y que trabaje en la casa —respondió esta vez María—. Se pone furioso si voy a ver a mi madre, voy de compras o algo así.

—No me importa que vaya a ver a su madre —dijo David—, pero cuando llego a casa, me gusta verla limpia. Algunas semanas, no arregla la cama por tres o cuatro días, y la mitad del tiempo ni siquiera ha comenzado a preparar la cena. Yo trabajo mucho y me gusta comer cuando llego a casa. Además de eso, la casa es un desastre —continuó—. Todas las cosas del bebé están tiradas por el piso, el niño está sucio y a mí no me gusta la pocilga. No tenemos muchas cosas y vivimos en una casa pequeña de la fábrica, pero al menos debería estar limpia.

—¿Qué hay de malo si él me ayuda en la casa? —preguntó María—. Se comporta como un esposo que cree que no debe hacer nada en la casa. Todo lo que quiere es trabajar y cazar. Quiere que yo lo haga todo.

Pensando que sería mejor comenzar a buscar soluciones antes que continuar buscando más desacuerdos, miré a David y le pregunté:

—David, cuando eran novios, antes de casarse, ¿ibas de cacería o de pesca todos los sábados?

—Bastante, pero siempre regresaba a casa a tiempo para verla el sábado por la noche. La mayoría de las veces, llegaba a casa a tiempo para lavar mi camioneta antes de ir a verla. No me gustaba ir a verla con una camioneta sucia.

Mientras seguíamos hablando, me enteré que María se casó justo después del instituto y que, durante su último año, David venía a verla casi todas las noches y se quedaba a cenar.

—Él me ayudaba a hacer mis tareas en la casa y, luego, nos sentábamos y conversábamos hasta la hora de la comida.

—David, ¿qué hacían los dos después de la cena? —pregunté.

—Bueno, las cosas que hacen los novios, ya sabe —me dijo David mirándome y sonriendo con timidez.

—Pero si tenía un trabajo de la escuela —dijo María—, me ayudaba con eso. A veces, trabajábamos por horas en proyectos escolares. Yo estaba encargada de la carroza de Navidad para la clase del último año. Me ayudó cada tarde por tres semanas. Él era genial.

Cambié el giro de la conversación y me concentré en su tercer desacuerdo.

—David, cuando eran novios, ¿ibas a la iglesia con María los domingos por la noche?

—Sí, iba —respondió—. Si no iba a la iglesia con ella, no podría verla esa noche. Su padre era estricto en ese sentido.

Pensé que comenzaba a ver alguna luz, pero no estaba seguro de que la vieran David y María.

—Cuando eras novia de David, ¿qué te convenció de que te amaba en realidad? ¿Qué lo hacía diferente de otros chicos con los que saliste? —le pregunté a María.

—La manera en que me ayudaba en todo —dijo—. Ninguno de los otros chicos se preocupaba por todo eso. Incluso, me ayudaba a lavar los platos cuando cenaba en nuestra casa. Era la persona más increíble que había conocido, pero eso cambio después que nos casamos.

Volviéndome a Marcos le pregunté:

—¿Por qué crees que hacías todas esas cosas por María y a su lado antes del matrimonio?

—Solo me parecía natural —dijo—. Es lo que desearía que alguien hiciera por mí si se preocupara por mí.

—¿Y por qué crees que dejaste de ayudarla después que se casaron? —le pregunté.

—Bueno, supongo que esperaba que fuera como en mi familia. Papá trabajaba y mamá se encargaba de las cosas en la casa. Nunca vi a mi padre hacer nada en la casa. Puesto que mi mamá se quedó en casa, lo hacía todo: cocinar, limpiar, lavar y planchar. Solo pensé que suponía que fuera así.

A nadie le gusta que lo obliguen a hacer algo. El amor se da siempre con libertad.

Ahora estábamos llegando a algún sitio:

— David, ¿qué le escuchaste decir a María cuando le pregunté hace un momento qué era lo que de veras la hacía sentir amada cuando eran novios?

—Ayudarla y hacer cosas con ella —respondió.

—Entonces, ¿entiendes por qué no se ha sentido amada cuando dejaste de ayudarla con sus cosas? —le pregunté. David asintió con la cabeza. Yo continué—: Fue normal para ti seguir el modelo de tu madre y tu padre en el matrimonio. Casi todos tenemos esa tendencia, pero tu conducta hacia María tuvo un cambio radical con respecto al noviazgo. Desapareció lo único que le aseguraba tu amor.

—¿Qué le escuchaste decir a David cuando le pregunté por qué hacía todas esas cosas para ayudarte cuando eran novios? —le pregunté entonces a María.

—Dijo que era natural para él —replicó.

—Cierto —dije—, y también dijo que eso es lo que quisiera que alguien hiciera por él si lo amara. Él hacía esas cosas para ti y contigo porque en su mente esa era la manera en que alguien muestra amor. Una vez que se casaron y vivieron en su propia casa, esperaba que hicieras cosas que le demostrarían que lo amabas. Mantendrías la casa limpia, cocinarías, etc. En resumen, harías cosas para expresarle tu amor. Cuando no te vio hacer esas cosas, ¿entiendes por qué no se sentiría amado?

Ahora, María asintió con la cabeza.

—Supongo que la razón por la que ambos son tan infelices en el matrimonio es porque ninguno de los dos está mostrando su amor haciendo cosas el uno para el otro —continué.

—Creo que tiene razón —dijo María—, y se debe a que dejé de hacer cosas para él porque no me gustaba cómo me mandaba. Era como si estuviera tratando de hacerme ser como su madre.

—Así es —dije—. A nadie le gusta que lo obliguen a hacer algo. Es más, el amor se da siempre con libertad. No se puede exigir el amor. Podemos pedirnos cosas el uno al otro, pero nunca debemos exigir nada. Las peticiones dan dirección al amor, pero las demandas detienen el flujo del amor.

David parecía pensativo.

—Le daba órdenes... le exigía, como usted dice. Supongo que me desilusionaba como esposa. Sé que dije cosas crueles, y entiendo cuán molesta podría estar conmigo.

—Pienso que las cosas pueden cambiar con bastante facilidad en este momento —le dije. Saqué dos tarjetas de mi bolsillo—. Probemos algo. Quiero que cada uno de ustedes se siente en los escalones de la iglesia y escriba una lista de peticiones. David, quiero que hagas una lista de tres o cuatro cosas que, si María decide hacerlas, te harán sentir amado cuando llegues a la casa por las tardes. Si hacer la cama es tan importante para ti, escríbelo. María, quisiera que hagas una lista de tres o cuatro cosas que quisieras que David te ayudara a hacer, cosas que, si decide hacerlas, te ayudarían a saber que te ama.

(Me gustan las listas; ayudan a pensar en forma concreta).

Después de cinco o seis minutos me entregaron sus listas. La de David decía:

- Hacer las camas todos los días.
- Tener lavada la cara del bebé cuando llegue a casa.
- Guardar sus zapatos en el armario antes de que llegue a casa.

- Tratar de que al menos empiece la cena antes de llegar a casa, así podríamos comer de treinta a cuarenta y cinco minutos después de mi llegada.

Leí la lista en voz alta y le dije a David:

—Entiendo que dices que si María decide hacer esas cuatro cosas, las verás como actos de amor hacia ti.

—Sí —dijo—, solo esas cuatro cosas. En realidad, eso marcaría la diferencia en lo que siento por ella.

Entonces, leí la lista de María:

- Deseo que lave el auto todas las semanas en vez de esperar que lo haga yo.
- Deseo que le cambie el pañal al bebé después que llegue a casa en la tarde, sobre todo si estoy haciendo la cena.
- Deseo que pase la aspiradora en la casa por mí una vez a la semana.
- Deseo que corte el césped cada semana en el verano y no deje que crezca tanto que me avergüence de nuestro patio.

—María —le dije—, entiendo que dices que si David acepta hacer estas cuatro cosas, tomarías sus acciones como verdaderas expresiones de amor hacia ti.

—En efecto —dijo.

—¿Puedes hacer lo que ella te pide, David?

—Sí —dijo.

—María, ¿qué me dices de ti? ¿Puedes hacer las cosas de la lista de David?

—Sí, puedo. En el pasado, siempre parecía que no importaba lo que hiciera, nunca era suficiente.

—David —dije volviéndome a él—, entiendes que lo que estoy sugiriendo es un cambio del modelo de matrimonio al que tenían tu madre y tu padre.

—Ah, mi papá cortaba el césped y lavaba el auto.

—A pesar de eso, no cambiaba pañales ni pasaba la aspiradora, ¿verdad?

—¡Nunca! —dijo sonriendo.

—No tienes que hacer esto, ¿entiendes? En cambio, si lo haces, será un acto de amor para María.

Y a María le dije:

—Entiendes que no tienes que hacer esas cosas, pero si quieres expresar amor por David, aquí hay cuatro maneras que serán significativas para él. Quiero sugerirles que prueben esto por dos meses y vean si les ayudan. Al final de los dos meses, es posible que quieran añadir peticiones adicionales a sus listas y comentarlas con el otro. Sin embargo, yo no añadiría más de una petición al mes.

—A decir verdad, tiene sentido —dijo María.

—Muchas gracias —dijo David.

Se tomaron de la mano y se dirigieron hacia su automóvil. Me dije en voz alta: «Creo que para esto es la iglesia. Pienso que me hará feliz ser consejero». Nunca he olvidado la perspectiva que obtuve bajo ese árbol del paraíso.

LO QUE APRENDÍ DE DAVID Y MARÍA

Después de años de investigación, me he dado cuenta de la situación única que me presentaron David y María. Pocas veces me encuentro con una pareja que tenga el mismo lenguaje del amor; en este caso, actos de servicio. Sin embargo, es posible que te preguntes: ¿Por qué estaban teniendo entonces tantas dificultades? La respuesta radica en el hecho de que hablaban diferentes dialectos. Hacían cosas para el otro, pero no las más importantes. Cuando María y David se vieron obligados a pensar de manera concreta, identificaron con facilidad sus dialectos específicos, y cuando comenzaron a hablarlos, sus tanques del amor comenzaron a llenarse.

Es fácil trabajar en las cosas equivocadas. Un esposo podría pasar todo un fin de semana haciendo tareas: rastrillar hojas, preparar el césped para el invierno, enrollar las mangueras y guardarlas, preparar los autos para el invierno, sacar del ático las decoraciones para las fiestas, cortar troncos para la chimenea... y no añadir ni una gota al tanque de amor de su esposa. Por otro lado, ese mismo esposo podría traer a casa comida china, limpiar la cocina después, y luego llevar a los niños a la cama por su cuenta cuando su esposa esté agotada después de un largo día, y llenarle su tanque de amor a desbordar.

Antes que dejemos a los amigos del pueblo industrial, me gustaría hacer otras tres observaciones. En primer lugar, ilustran con claridad que lo que hacemos el uno por el otro antes del matrimonio no es ninguna indicación de lo que haremos después de la boda. Antes de casarnos, nos arrastra la fuerza de la obsesión del «enamoramiento». Después del matrimonio, volvemos a ser las personas que éramos antes de «enamorarnos». Nuestras acciones tienen la influencia del modelo de nuestros padres; de nuestra propia personalidad; nuestras percepciones del amor; nuestros deseos, emociones y necesidades. Solo una cosa es cierta con relación a nuestro comportamiento: No será el mismo que mostramos cuando estábamos atrapados en el «enamoramiento».

Eso me lleva a la segunda verdad: El amor es una decisión y no se puede forzar. David y María se criticaban el uno al otro sus conductas y no llegaban a ninguna parte. Una vez que decidieron a hacerse peticiones en vez de demandas, su matrimonio empezó a mejorar.

Las críticas y las demandas tienden a dividirnos. Con suficiente crítica, quizá consigas la conformidad de tu cónyuge. A lo mejor hace lo que quieres, pero es probable que no sea una expresión de amor. Puedes darle dirección al amor haciendo peticiones: «Me gustaría que lavaras el auto, cambiaras los pañales del bebé, cortaras el césped», pero no puedes crear la voluntad para amar. Cada uno de nosotros debe decidir todos los días amar o no amar a nuestro cónyuge. Si decidimos amar, expresémoslo de la manera en que las peticiones de nuestro cónyuge hagan que nuestro amor sea más eficaz en lo emocional.

Hay una tercera verdad, la cual solo el amante maduro será capaz de escuchar. Las críticas de mi cónyuge con relación a mi comportamiento me dan la pista más clara de su lenguaje primario del amor. Las personas tienden a criticar con más intensidad a su cónyuge en el aspecto donde tienen la necesidad emocional más profunda. Su crítica es una manera ineficaz de pedir amor. Si lo comprendemos, quizá nos ayude a procesar sus críticas de una manera más productiva. Una esposa puede decirle a su esposo después que le hace una crítica: «Tal parece que es demasiado importante para ti. ¿Podrías explicar por qué es tan crucial?». La crítica a menudo necesita aclaración. A la larga, iniciar tal conversación puede convertir la crítica en una petición en lugar de una demanda. La condenación constante de María por la cacería de David no era su expresión de odio por el deporte de la caza. Culpaba a la caza como lo que impedía que David lavara el auto, le pasara la aspiradora a la casa y cortara el césped. Cuando él aprendió a satisfacer la necesidad de amor de María al hablar su lenguaje de amor emocional, ella llegó a ser libre para apoyarlo en la cacería.

¿FELPUDO O AMANTE?

«Lo he servido durante veinte años. He sido su sirvienta. He sido su felpudo mientras él no me tenía en cuenta, me maltrataba y me humillaba delante de mis amigos y familiares. No lo odio. No le deseo ningún mal, pero estoy resentida y no quiero seguir viviendo a su lado». Esa esposa ha realizado actos de servicio durante veinte años, pero no han sido expresiones de amor. Se hicieron por temor, culpa y resentimiento.

Un felpudo es un objeto inanimado. Puedes limpiarte los pies en él, puedes pisarlo, maltratarlo o lo que quieras. No tiene voluntad propia. Puede ser tu siervo, pero no tu amante. Cuando tratamos a nuestros cónyuges como objetos, obviamos la posibilidad del amor. La manipulación mediante la culpa («Si fueras un buen cónyuge, harías esto por mí»), no es un lenguaje del amor. La coerción mediante el miedo («Hazlo o lo lamentarás»), es algo ajeno al amor. Ninguna persona debiera ser jamás un felpudo. Es posible que permitamos que nos utilicen, pero nosotros somos, en realidad, criaturas de emoción, pensamientos y deseos. Y tenemos la habilidad de tomar decisiones y actuar. Permitirle a otra persona que nos utilice o nos manipule no es un acto de amor. Es, en sí, un acto de traición. Le permites a esa persona que desarrolle hábitos inhumanos. El amor dice: «Te amo demasiado como para dejar que me trates de esta manera. No es bueno para ti ni para mí».

El aprendizaje del lenguaje del amor de los actos de servicio requerirá que algunos de nosotros reexaminemos nuestros estereotipos de los papeles de esposos y esposas. Estos han cambiado en las últimas décadas, pero los modelos de nuestro pasado pueden seguir presentes, y las diferentes culturas tienen distintas expectativas de la manera «adecuada» en que se hacen las cosas en el matrimonio.

Para crédito de David, estuvo dispuesto a romper con sus expectativas cuando se dio cuenta de lo importante que era para María. Eso es necesario para todos nosotros si el lenguaje primario del amor de nuestro cónyuge nos pide algo que parece inadecuado para nuestro papel.

La disposición para examinar y cambiar los estereotipos es necesaria a fin de expresar el amor de manera más eficaz. Recuerda, no hay recompensas por mantener estereotipos, pero hay enormes beneficios por satisfacer las necesidades emocionales de tu cónyuge. Si el lenguaje del amor de tu cónyuge es actos de servicio, «las acciones hablan más que las palabras».

Ahora, pasemos al quinto lenguaje del amor.

TU TURNO

Muchos actos de servicio incluirán quehaceres domésticos, pero no todos. ¿Cuáles son algunas formas que no sean tareas del hogar para servir a tu cónyuge?

SI EL LENGUAJE DEL AMOR DE TU CÓNYUGE ES

ACTOS DE SERVICIO:

1. Considera la posibilidad de servir a alguien (o algo) que tu esposo ama: un pariente mayor, cuidando con atención una mascota, una causa favorita.

2. Imprime tarjetas con lo siguiente:

   «Hoy te mostraré mi amor mediante...». Completa la oración con una tarea que sabes que le encantaría a tu cónyuge: recogiendo el desorden, pagando las cuentas, arreglando algo que lleva roto hace mucho tiempo, limpiando el jardín de malas hierbas. (Puntos extra si es una tarea que se ha postergado).

3. Pídele a tu cónyuge que haga una lista de diez cosas que le gustaría que hicieras durante el mes siguiente. Luego, pídele a tu cónyuge que las priorice al numerarlas del 1-10, donde la primera es la más importante y la décima es la menos importante. Usa esta lista para planear tu estrategia para un mes de amor. (Prepárate para vivir con un cónyuge feliz).

4. Mientras tu esposo está fuera, pídele a tus hijos que te ayuden con algún acto de servicio para él. Cuando haga su entrada, únete a los niños para gritar: «¡Sorpresa! ¡Te amamos!». Después, muéstrale tu acto de servicio.

5. Esto también puede dar resultado cuando tu cónyuge está ausente por un largo período, como

una movilización militar. Recluta a los niños para
que te ayuden con algún acto de servicio para él.
Toma una foto de los resultados y envíalo; o, lo que
es mejor, muéstraselo a través de *Skype* y griten:
«¡Sorpresa! ¡Te amamos!».

6. Si las peticiones a tu pareja dan una imagen de
regaños o humillaciones, trata de escribirlas con
palabras que le resulten menos ofensivas. Muéstrale
esta redacción revisada a tu cónyuge. Por ejemplo:
«El patio siempre se ve muy bonito y, en realidad,
aprecio tu trabajo. Me gustaría darte las gracias con
antelación por cortar el césped esta semana antes
que Pablo y Amada vengan a cenar». Quizá hasta
tu esposo responda: «¿Dónde está la cortacésped?
¡Tengo ganas de empezar!». Pruébalo y verás.

7. Si tienes más dinero que tiempo, contrata a alguien
para que haga los actos de servicio que ninguno de
los dos quiere hacer, tales como el trabajo del patio
o una limpieza profunda de tu casa una vez al mes.

8. Apoya a tu cónyuge durante su programa
de televisión favorito o un evento deportivo
importante. Ocúpate de todas las llamadas
telefónicas, de las emergencias con los niños, etc.

NOTA

1. Kelly Flanagan, «Why One Text Message Is More Romantic
Than a Hundred Valentine Cards», Untangled, 12 de febrero de
2014, drkellyflanagan.com

TOQUE FÍSICO

QUINTO LENGUAJE DEL AMOR

Toque físico

Hace tiempo que sabemos que el toque físico es una manera de comunicar el amor emocional. En numerosos proyectos de investigación en el campo del desarrollo infantil se ha llegado a esta conclusión: Los bebés que se abrazan, acarician y besan desarrollan una vida emocional más saludable que los que se dejan solos por largo tiempo sin toque físico.

El toque físico es también un poderoso medio para la comunicación del amor matrimonial. Tomarse de las manos, besarse, abrazarse y tener relaciones sexuales son maneras de comunicarle amor emocional al cónyuge. Para algunos individuos, el toque físico es su lenguaje primario del amor. Sin este, no se sienten amados. Con este, se llenan sus tanques emocionales y se sienten seguros en el amor de su cónyuge.

EL PODER DEL TOQUE

De los cinco sentidos, el tacto, a diferencia de los otros cuatro, no está limitado a una parte determinada del cuerpo. Los diminutos receptores táctiles están situados por todo el cuerpo. Cuando se tocan o presionan esos receptores, los nervios llevan esos impulsos al cerebro. El cerebro interpreta esos impulsos y percibimos que lo que nos toca está caliente o frío, duro o suave. Causa dolor o placer. Quizá también lo interpretemos como amoroso u hostil.

Algunas partes del cuerpo son más sensibles que otras. La diferencia se debe al hecho de que los diminutos receptores táctiles no están esparcidos de manera uniforme por el cuerpo, sino dispuestos en grupos. Por esto, la punta de la lengua es sensible en gran medida al toque, mientras que la parte de atrás de los hombros en menos sensible. Las puntas de los dedos y la punta de la nariz son otras partes muy sensibles. Nuestro propósito, sin embargo, no es entender la base neurológica del sentido del tacto, sino más bien su importancia psicológica.

El toque físico puede fomentar o destruir una relación. Puede comunicar odio o amor. Para la persona cuyo lenguaje primario del amor es el toque físico, el mensaje de este modo será mucho más claro que las frases «Te odio» o «Te amo». Una bofetada es perjudicial para cualquier niño, pero es devastadora para un niño cuyo lenguaje principal del amor es el toque físico. Un tierno abrazo le comunica amor a cualquier niño, pero le grita amor al niño cuyo lenguaje primario del amor es el toque físico. Lo mismo es cierto con los adultos.

En el matrimonio, el toque de amor puede asumir muchas formas. Puesto que los receptores del tacto están ubicados por todo el cuerpo, prácticamente tocar a tu cónyuge de manera cariñosa en cualquier lugar puede ser una expresión de amor. Eso no significa que todos los toques se crearon iguales. Algunos le producirán más placer a tu cónyuge que otros. Por supuesto, tu mejor instructor es tu cónyuge. Después de todo, es la persona a quien quieres amar. Tu cónyuge es quien mejor sabe lo que percibe como un toque amoroso. No insistas en tocarle a tu manera y en tu propio tiempo. Aprende a hablar su dialecto del amor. Quizá tu cónyuge encuentre algunos toques incómodos o irritantes. La insistencia en continuar esos toques es comunicar lo opuesto del amor. Indica que no eres sensible a sus necesidades y que te importa poco sus percepciones de lo que es agradable. No cometas el error de creer que el toque que a ti te produce placer también le producirá placer a tu cónyuge.

Los toques de amor quizá sean explícitos y exijan toda tu atención, como en el caso de un masaje en la espalda o durante el juego sexual que culmina con el coito. Por otro lado, los toques de amor tal vez sean implícitos y solo requieran un momento, como ponerle la mano en el hombro mientras le sirves una taza de café o rozas tu cuerpo con el suyo al pasar por la cocina. Es obvio que los toques explícitos toman más tiempo, no solo en el toque como tal, sino en desarrollar tu comprensión de cómo comunicarle amor a tu cónyuge de esta manera. Si un masaje en la espalda le dice mucho a tu cónyuge, el tiempo, el dinero y la energía que emplees aprendiendo a ser un buen masajista estarán bien invertidos. Si la relación sexual es el dialecto principal de tu cónyuge, la lectura al respecto y el análisis del arte de hacer el amor enriquecerán tu expresión del amor.

La aparición de nuevas maneras y lugares para tocar puede ser un desafío apasionante.

Los toques implícitos requieren poco tiempo, pero mucha consideración, sobre todo si el toque físico no es tu lenguaje principal del amor y si no creciste en una «familia dada al toque físico». Sentarse juntos en el sofá mientras ven su programa de televisión favorito no requiere tiempo adicional, pero pudiera comunicar tu amor de manera muy clara. Tocar a tu cónyuge mientras caminas por la habitación donde está sentado solo requiere un instante. Tocarse el uno al otro cuando se van de la casa y, luego, cuando regresan, puede involucrar un beso corto o un abrazo, pero le dirá mucho a tu cónyuge.

Una vez que descubras que el toque físico es el lenguaje primario del amor de tu cónyuge, solo estás limitado por tu imaginación en cuanto a las maneras de expresar amor. La aparición de nuevas maneras y lugares para tocar puede ser un desafío apasionante. Si no has sido uno que «toca por debajo de la mesa», quizá descubras que esto le añadirá una chispa cuando cenen fuera. Si no estás acostumbrado a que se tomen de las manos en público, tal vez encuentres que puedes llenar el tanque emocional del amor de tu cónyuge mientras caminan por el estacionamiento. Si casi nunca se besan en cuanto entran al automóvil, quizá descubras que esto enriquecerá mucho más tus viajes. Es posible que abrazar a tu cónyuge antes de que se vaya de compras no solo exprese amor, sino que la traiga antes a la casa. Prueba nuevos toques en nuevos lugares, y permítele a tu cónyuge que te comente si le dio placer o no. Recuerda, tu cónyuge tiene la última palabra. Tú estás aprendiendo a hablar su lenguaje.

EL CUERPO ES PARA TOCARLO

Lo que hay de mí reside en mi cuerpo. Tocar mi cuerpo es tocarme a mí. Alejarse de mi cuerpo es distanciarse de mí en lo emocional. En nuestra sociedad, estrechar la mano es una manera de comunicarle a otra persona franqueza y cercanía social. Cuando en raras ocasiones un hombre se niega a estrecharle la mano a otro, esto transmite el mensaje de que las cosas no están bien en su relación. Todas las sociedades tienen alguna forma de toque físico como medio de saludo social. El hombre estadounidense promedio no se siente cómodo con el abrazo de oso y el beso europeos, pero en Europa eso tiene la misma función que nuestro apretón de manos.

En cada sociedad, hay maneras apropiadas e inapropiadas de tocar a las personas del sexo opuesto. La reciente atención al acoso sexual ha puesto de relieve las formas inadecuadas. Dentro del matrimonio, sin embargo, lo que es apropiado e inapropiado en el toque físico lo determina la propia pareja, dentro de ciertas pautas generales. Por supuesto, la sociedad considera inapropiado el abuso físico, y las organizaciones sociales se han creado para ayudar a la «esposa maltratada y al esposo maltratado». Sin duda, nuestros cuerpos son para tocarlos, pero no para el abuso.

Esta era se caracteriza como la era de la apertura y la libertad sexuales. Con esa libertad, hemos demostrado que el matrimonio abierto, donde ambos cónyuges son libres para tener intimidad sexual con otros individuos, es creativo. A la larga, los que no ponen objeción sobre las bases morales, ponen objeción sobre las bases emocionales. Algo sobre nuestra necesidad de intimidad y amor no nos permite darle a nuestro cónyuge tal libertad.

> **Si el lenguaje primario de tu cónyuge es el toque físico, no hay nada más importante que abrazarle mientras llora.**

El dolor emocional es profundo y la intimidad desaparece cuando somos conscientes de que nuestro cónyuge está involucrado de manera sexual con otra persona. Los archivos de los consejeros están llenos de registros de esposos y esposas que tratan de superar el trauma emocional de un cónyuge infiel. Ese trauma, sin embargo, se agrava para el individuo cuyo lenguaje primario del amor es el toque físico. Lo que anhela de manera profunda, el amor expresado por el toque físico, se le da ahora a otra persona. Su tanque emocional de amor no solo está vacío, sino que ha quedado desbaratado por una explosión. Harán falta reparaciones inmensas para satisfacer esas necesidades emocionales.

LA CRISIS Y EL TOQUE FÍSICO

En momentos de crisis, nos abrazamos unos a otros casi por instinto. ¿Por qué? Porque el toque físico es un poderoso comunicador del amor. En un momento de crisis necesitamos, más que ninguna otra cosa, sentirnos amados. No siempre podemos cambiar las circunstancias, pero podemos sobrevivir si nos sentimos amados. Todos los matrimonios experimentarán crisis. La muerte de los padres es inevitable. Los accidentes automovilísticos dejan incapacitados y matan a miles cada año. Las enfermedades no hacen distinción de personas. Las decepciones son parte de la vida. Lo más importante que puedes hacer por tu pareja en un tiempo de crisis es amarle. Si el lenguaje primario de tu cónyuge es el toque físico, no hay nada más importante que abrazarle mientras llora. Puede que tus palabras signifiquen poco, pero tu toque físico le dirá que te interesas. Las crisis brindan una oportunidad única para expresar amor. Los toques tiernos se recordarán mucho después de pasada la crisis. Tu falta de toque físico puede que nunca se olvide.

«SE SUPONE QUE EL MATRIMONIO NO SEA DE ESTA MANERA»

Desde mi primera visita a West Palm Beach, Florida, hace muchos años, siempre he recibido con agrado las invitaciones a fin de celebrar seminarios para matrimonios en esa región. Fue en una ocasión así que conocí a José y María. No eran oriundos de la Florida (pocos lo son), pero habían vivido allí por diez años y consideraban a West Palm Beach como su tierra natal. Ellos me habían invitado a quedarme esa noche en su casa, y yo sabía por experiencia que tales peticiones casi siempre significaban una sesión de consejería hasta altas horas de la noche.

A medida que avanzaba la velada, disfrutaba muchísimo de la compañía de José y María. Me pareció una pareja sana y felizmente casada. Para un consejero, eso es una rareza. Estaba ansioso por descubrir su secreto, pero estando demasiado cansado, y sabiendo que iban a llevarme al aeropuerto al día siguiente, decidí hacer mi investigación cuando me sintiera más alerta y estuviéramos juntos durante cuarenta y cinco minutos en el auto.

María y José comenzaron a contarme su historia. En los primeros años de su matrimonio, tuvieron tremendas dificultades. Crecieron en la misma comunidad, asistieron a la misma iglesia y se graduaron del mismo instituto. Les gustaba la misma música, los mismos deportes, las mismas películas. Parecían poseer todas las similitudes que se supone deben asegurar menos conflictos en el matrimonio.

Comenzaron el noviazgo a finales del instituto. Asistieron a distintas universidades, pero procuraban verse con frecuencia, y se casaron tres semanas después que él recibió su título en administración de empresas y ella en sociología. Dos meses más tarde, su mudaron a la Florida donde a José le ofrecieron un buen empleo. Los primeros tres meses fueron emocionantes: la mudanza, la búsqueda de un nuevo apartamento y gozando juntos de la vida.

Al cabo de unos seis meses de casados, María comenzó a sentir que José se distanciaba de ella. Trabajaba más horas, y cuando estaba en casa, pasaba un tiempo considerable con la computadora. Cuando al fin le expresó sus sentimientos de que la estaba evitando, José le dijo que no la evitaba, sino que solo trataba de estar al día en su trabajo. Le dijo que no entendía la presión que tenía y lo importante que era que le fuera bien en su primer año en el empleo. María no estaba contenta, pero decidió darle su espacio.

María empezó a entablar amistad con otras esposas que vivían en el mismo complejo de apartamentos. A veces, cuando sabía que José iba a trabajar hasta tarde, se iba de compras con una de sus amigas en vez de ir directamente a casa después de su trabajo. En ocasiones, no estaba en casa cuando llegaba José. Esto lo irritaba en gran medida y la acusaba de ser desconsiderada e irresponsable. María replicaba: «¿Quién es el irresponsable? Tú ni siquiera me llamas para decirme cuándo vas a llegar a casa. ¿Cómo puedo estar aquí para ti si ni siquiera sé cuándo vendrás? Y cuando estás aquí, te pasas todo el tiempo trabajando. Tú no necesitas una esposa; ¡todo lo que necesitas es una computadora!».

A lo que José respondía en seguida: «Yo necesito una esposa. ¿No lo entiendes? Eso es todo. *Necesito* una esposa».

Sin embargo, María no entendía. Estaba demasiado confundida. En su búsqueda por respuestas, fue a la biblioteca pública y revisó varios libros sobre el matrimonio. «Se supone que el matrimonio no sea de esta manera», razonaba. «Tengo que encontrarle una respuesta a nuestra situación». Cuando José iba a su computadora, María tomaba su libro. Es más, a menudo leía hasta la medianoche. En su camino a la cama, José la veía y hacía comentarios sarcásticos como: «Si hubieras leído tanto en la universidad, hubieras sacado las mejores calificaciones». A lo que María respondía: «No estoy en la universidad. Estoy en el matrimonio, y ahora mismo, me contento con calificaciones más bajas». José se iba a la cama sin siquiera mirarla de nuevo.

Al final del primer año, María estaba desesperada. Ya lo había mencionado antes, pero esta vez le dijo con calma a José:

—Voy a buscar un consejero matrimonial. ¿Quieres ir conmigo?

—No necesito un consejero matrimonial —le respondió José—. No tengo tiempo para un consejero matrimonial. No puedo pagar un consejero matrimonial.

—Entonces, iré sola —dijo María.

—Muy bien, al fin y al cabo, tú eres la que necesita consejería.

La conversación terminó. María se sintió sola por completo, pero a la semana siguiente hizo una cita con un terapeuta matrimonial. Después de tres sesiones, el consejero llamó a José y le preguntó si estaría dispuesto a venir para conversar acerca de su perspectiva sobre su matrimonio. José aceptó y comenzó el proceso de sanidad. Seis meses más tarde, salieron de la oficina del consejero con un nuevo matrimonio.

—¿Qué aprendieron en la consejería que cambió su matrimonio? —les pregunté.

—En esencia, doctor Chapman —dijo José—, aprendimos a hablar el lenguaje de amor del otro. El consejero no usó ese término, pero mientras usted nos daba la conferencia hoy, las luces se prendieron. Mi mente corrió de nuevo a la experiencia de nuestra consejería, y me di cuenta que eso fue justo lo que nos pasó a nosotros. Al final, aprendimos a hablar el lenguaje de amor del otro.

—Entonces, ¿cuál es tu lenguaje del amor, José? —pregunté.

—El toque físico —dijo sin vacilación.

—De seguro que es el toque físico —dijo María.

—¿Y el tuyo, María?

—Tiempo de calidad, doctor Chapman. Es lo que pedía a gritos en esos días cuando pasaba todo su tiempo con su trabajo y con su computadora.

«En una ocasión esperé seis semanas antes de que me tocara».

—¿Cómo aprendiste que el toque físico era el lenguaje del amor de José?

—Me llevó un tiempo —dijo María—. Poco a poco, empecé a comprenderlo en la consejería. Al principio, creo que José ni siquiera se daba cuenta de eso.

—Es cierto —dijo José—. Nunca le dije que quería que me acariciara, aun cuando en mi interior ansiaba que llegara y me tocara. En nuestro noviazgo, siempre había tomado la iniciativa de tocar, pero ella siempre fue muy sensible. Sentía que me amaba, pero después que nos casamos, hubo momentos en los que me le acerqué físicamente y... nada. Tal vez por sus nuevas responsabilidades en el trabajo estuviera demasiado cansada. No lo sé, pero lo tomé como algo personal. Sentía que no me encontraba atractivo, por lo que decidí no tomar la iniciativa para evitar el rechazo. Así que esperé para ver cuánto tardaría en que me diera un beso, una caricia o tuviéramos relaciones sexuales. En una ocasión esperé seis semanas antes de que me tocara. Era algo insoportable. Mi alejamiento era para permanecer lejos del dolor que sentía cuando estaba a su lado.

—No tenía idea de lo que sentía —dijo entonces María—. Sabía que estaba lejos de mí. No nos tocábamos todo el tiempo cuando éramos novios, así que di por sentado que debido a que estábamos casados, eso no era tan importante para él ahora. »Pasé semanas sin tocarlo. No me pasaba por la cabeza. Yo estaba trabajando, atendiendo las cosas de la casa y tratando de mantenerme fuera de su camino. A decir verdad, no sabía qué más podía hacer. No podía entender por qué no me prestaba atención. La cosa es que, pasar tiempo conmigo era lo que me hacía sentir amada y apreciada. En realidad, no importaba si nos abrazábamos o nos besábamos. Mientras me diera su atención, me sentía amada».

Una vez que José y María descubrieron que no se satisfacían el uno al otro su necesidad de amor, comenzaron a cambiar las cosas.

—Era como si tuviera un nuevo esposo —dijo ella.

—Lo que me sorprendió en el seminario de hoy —agregó José—, fue la forma en que su conferencia sobre los lenguajes del amor me llevó de vuelta a la experiencia de todos estos años. Usted dijo en veinte minutos lo que nos tomó seis meses para aprender.

—Bueno —dije—, lo que cuenta no es lo rápido que aprendes, sino lo bien que aprendes esos asuntos. Y es obvio que ustedes aprendieron muy bien.

José es solo uno de los muchos individuos para quienes el toque físico es el lenguaje primario del amor. En lo emocional, anhelan que su cónyuge llegue y los toque de manera física. Pasarles las manos por el cabello, darles un masaje en la espalda, tomarse de las manos, abrazarse, tener relaciones sexuales, todos esos y otros «toques de amor» son el salvavidas emocional de la persona para la que el toque físico es el lenguaje primario del amor.

TU TURNO

Recuerda algunos «momentos de toque» no sexuales que enriquecieron la intimidad entre ustedes dos. ¿Qué hizo que estos tiempos fueran especiales?

SI EL LENGUAJE DEL AMOR DE TU CÓNYUGE ES
TOQUE FÍSICO:

1. Toma de la mano a tu cónyuge mientras se dirigen del auto al centro comercial.

2. Cuando hagas compras para tu cónyuge, busca las cosas que apelarán a su naturaleza táctil: un suéter de cachemira, unas suaves chinelas de felpa acolchonadas.

3. Acércate a tu esposa y dile: «¿Te he dicho últimamente que te amo?». Tómala en tus brazos y abrázala mientras le das un masaje en la espalda y continúa. «¡Tú eres fantástica!». Libérate y pasa a la siguiente cosa.

4. Cuando se sienten juntos en la iglesia, extiende tu mano y toma la de tu cónyuge durante los tiempos de oración.

5. Inicia la relación sexual al darle a tu cónyuge un masaje en los pies. Continúa a otras partes del cuerpo, siempre y cuando le dé placer a tu cónyuge.

6. Cuando los visiten la familia o los amigos, toca a tu cónyuge en su presencia. Un abrazo, pasando la mano a lo largo de su brazo, poniendo tu brazo a su alrededor mientras están conversando, o solo

colocando tu mano sobre el hombro. Dile: «Aun con toda esta gente en nuestra casa, todavía te veo».

7. Las parejas separadas por circunstancias, como la movilización, usan diversas estrategias para «tocar» cuando no pueden estar físicamente juntas, dice la autora y ex esposa militar Jocelyn Green. Por ejemplo, una carta escrita a mano se siente más tangible que un correo electrónico. Algunas esposas se ponen una camisa vieja de su esposo para andar por la casa; una esposa dijo: «Siento que me está abrazando cuando me pongo su camisa». Enviarle una foto tuya le da a tu cónyuge algo de ti para tocarlo.

9

Descubre tu lenguaje primario del amor

El descubrimiento del lenguaje primario del amor de tu cónyuge es esencial si quieres mantener lleno su tanque emocional de amor. No obstante, asegúrate primero de que conoces tu propio lenguaje del amor. Después de escuchar los cinco lenguajes emocionales del amor,

PALABRAS DE AFIRMACIÓN
TIEMPO DE CALIDAD
REGALOS
ACTOS DE SERVICIO
TOQUE FÍSICO,

algunas personas sabrán al instante su propio lenguaje primario del amor y el de su cónyuge. Para otros no será tan fácil. Algunos son como Marcos, quien me dijo:

—No sé. Al parecer, dos de esos son iguales para mí.

—¿Cuáles dos? —le pregunté.

—El de toque físico y el de las palabras de afirmación —me respondió.

—¿Qué entiendes por "toque físico"?

—Bueno, relaciones sexuales en especial —contestó Marcos.

Traté de averiguar un poco más, preguntando:

—¿Te gusta que tu esposa te pase las manos por el cabello, te frote la espalda, te tome de las manos, te bese y abrace cuando no tengan relaciones sexuales?

—Por supuesto —dijo Marcos—. No voy a rechazarlo, pero lo principal es la relación sexual. Ahí es cuando sé si me ama en realidad.

Dejando el asunto del toque físico por un momento, me volví a las palabras de afirmación y le pregunté:

—Cuando dices que las "palabras de afirmación" son también importantes, ¿qué clase de declaraciones encuentras más útiles?

—Como cuando me dice que me veo bien, que soy inteligente... casi cualquier cosa si es positivo. ¡Cuando me dice que me ama!

—¿Recibiste esa clase de comentarios de tus padres en tu niñez?

—No muy a menudo —me dijo—. Me gritaban y me decían lo que tenía que hacer. Sin embargo, Alicia era diferente.

Le pedí a Marcos que pensara en algo.

—Déjame preguntarte esto. Si Alicia llenara tus necesidades sexuales, es decir, si tuvieran buenas relaciones sexuales tanto como desearas, pero ella te dijera palabras negativas y te criticara, avergonzándote a veces delante de los demás, ¿crees que te sentirías amado?

—De ninguna manera —contestó—. Me sentiría terrible.

—Marcos —le dije—, creo que acabamos de descubrir que tu lenguaje primario del amor es "palabras de afirmación". Las relaciones sexuales son de suma importancia para ti y para tu sentido de intimidad con Alicia, pero sus palabras de afirmación son más importantes para ti en lo emocional. Es más, si te criticara con sus palabras a cada instante y te humillara delante de otras personas, quizá llegue el momento en el que no desearías tener más relaciones sexuales con Alicia, porque ella sería una constante causa de sufrimiento para ti.

Marcos había cometido el error común de muchos hombres: dar por sentado que el toque físico es su lenguaje primario del amor, puesto que desean con mucha intensidad las relaciones sexuales. Para el varón, el deseo sexual está basado de manera física. Es decir, el deseo de las relaciones sexuales se estimula por la acumulación de espermatozoides y de líquido seminal en las vesículas seminales. Cuando las vesículas seminales están llenas, hay una presión física para su liberación. Por lo tanto, el deseo del varón por relaciones sexuales tiene una raíz física.

Para la mujer, el deseo sexual tiene mucha más influencia de sus emociones. Si se siente amada, admirada y apreciada por su esposo, siente el deseo de estar en intimidad física con él. No obstante, sin la cercanía emocional, quizá tenga poco deseo físico. Su impulso sexual biológico está íntimamente relacionado con su necesidad emocional por amor.

Debido a que las presiones físicas del varón lo impulsan al alivio sexual con regularidad, quizá dé por sentado de forma automática que ese es su lenguaje primario del amor. En cambio, si no disfruta del toque físico en otros momentos y de una manera no sexual, quizá este no sea su lenguaje del amor en absoluto. El deseo sexual es bastante diferente de su necesidad emocional de sentirse amado. Eso no significa que la relación sexual no sea importante para él, es de suma importancia, pero la relación sexual sola no llenará su necesidad de sentirse amado. Su

¿Qué es lo que más deseas de tu cónyuge? ¿Qué te hace sentir amado por encima de todo?

esposa debe hablar también su lenguaje primario y emocional del amor.

Es más, cuando su esposa habla su lenguaje primario del amor y su tanque emocional de amor está lleno, y él habla su lenguaje primario del amor y su tanque emocional está lleno, el aspecto sexual de su relación funcionará de manera espontánea. La mayoría de los problemas sexuales **Cada uno de los lenguajes del amor es vulnerable a la manipulación poco sincera.** en el matrimonio tienen poco que ver con la técnica física, pero mucho que ver con la satisfacción de las necesidades emocionales.

Después de conversar y reflexionar más, Marcos dijo:

—Pienso que usted tiene razón. Sin duda, las "palabras de afirmación" son mi lenguaje primario del amor. Si Alicia es crítica y me humilla, no deseo tener relaciones sexuales con ella, y hasta pienso en otras mujeres. En cambio, cuando me dice lo mucho que me aprecia y admira... ¡entonces esa es una historia diferente de nosotros!

Brenda se ha preguntado por años si en verdad solo tiene un lenguaje primario del amor. «Sé que valoro más el tiempo de calidad y los actos de servicio», dijo. «Aun así, es difícil saber cuál es el primario para mí. Solía ser actos de servicio, pero parece que a medida que maduro, estoy más preocupada por disfrutar buenos momentos con amigos y familiares, y menos preocupada por cómo se hacen las cosas».

¿Cómo lo sabes tú?

DE QUÉ MANERA LOS LENGUAJES DEL AMOR PUEDEN HERIRNOS

¿Cuál es tu lenguaje primario del amor? ¿Qué te hace sentir más amado por tu cónyuge? ¿Cuál es tu mayor deseo? Si las respuestas a estas preguntas no vienen de inmediato a tu mente, quizá te ayude analizar el uso negativo de los lenguajes del amor. ¿Qué es lo que tu cónyuge hace o dice, o deja de hacer o de decir, que te hiere en lo más profundo?

Hacer caso omiso a los lenguajes del amor de nuestra pareja es como pasar por alto las necesidades de un jardín: si no le quitas las malas hierbas, lo riegas ni fertilizas, tendrá una muerte lenta. Entonces, si en realidad abusamos de los lenguajes del amor de nuestra pareja (es decir, los usamos para propósitos dañinos), es como tomar un machete y cortarlo todo en ese mismo jardín.

Cada uno de los lenguajes del amor es vulnerable a la manipulación poco sincera. El uso de palabras que a tu esposo le encanta escuchar a fin de tener relaciones sexuales contigo está mal. También lo es tratar de hacer un montón de tareas para alguien solo para que te alaben.

Si tu dolor más profundo es la crítica, las palabras de juicio de tu cónyuge, quizá tu lenguaje del amor sea el de palabras de afirmación. Las palabras sarcásticas, odiosas o despreciativas hieren a cualquiera, pero en especial a la persona para quien las palabras de afirmación es su lenguaje del amor.

Del mismo modo, la *falta* de palabras, dándole a alguien la «ley del hielo», puede ser devastador.

Ya analizamos el dolor y la ira de los cónyuges que se resienten de sus parejas por «no ayudar lo suficiente» en la casa. Es evidente que el lenguaje del amor de estos cónyuges es actos de servicio. Sin embargo, hace poco me enteré de una esposa que llevó esto más allá. Su esposo y ella estuvieron discutiendo todo el fin de semana. El domingo, en lugar de preparar el almuerzo para los dos como de costumbre, ella hizo algo para sí y le dijo: «Prepara tu propio almuerzo». Suspendió un servicio que siempre había realizado para él, sabiendo que su lenguaje del amor era actos de servicio.

Si tu lenguaje primario del amor es el de regalos, puedes identificarte con la historia de la joven que tuvo una Navidad muy difícil un año. Su hermano mayor no le dedicó mucho tiempo ni esfuerzo a su regalo. Le dio algo que se encontró en la casa, nada que ella necesitara, nada especial ni considerado. Ella, por supuesto, estaba herida en lo más profundo.

Sin embargo, al menos tan destructiva, como vimos con Sonia y su esposo jugador de sófbol, Tony, es el de negar el regalo de ti mismo, de tu presencia.

Del mismo modo, la esposa cuyo lenguaje del amor es tiempo de calidad podría encontrarse más aburrida por la rutina nocturna de ambos con cena, televisión y cama, o luchar más cuando su esposo viaja por negocios. Incluso podría anhelar correos electrónicos más significativos que «Buena reunión hoy... hasta mañana».

¿Qué me dices del toque físico? Por supuesto, el toque tiene un inmenso potencial de abuso, como ya analizamos. El toque puede consolar, tranquilizar, animar, invitar; también puede dejar cicatrices físicas y emocionales. El toque físico que se niega puede causar dolor.

¿QUÉ ES LO QUE PIDES?

Cuando estás tratando de averiguar tu lenguaje primario del amor, es útil volver la vista atrás a tu matrimonio y preguntarte: «¿Qué es lo que le pido más a menudo a mi cónyuge?». Es probable que lo que más le hayas pedido quizá sea lo que tenga que ver con tu lenguaje primario del amor. Tal vez tu cónyuge interpretara tus peticiones como fastidiosas, pero lo cierto es que han sido tus esfuerzos para asegurar el amor emocional de tu cónyuge.

Brenda, la mujer que se preguntaba si era más tiempo de calidad o actos de servicio, ha pensado en esto. «Al compararlos, supongo que me inclino más hacia el servicio, ¡aunque sea porque siento que siempre le pido a mi esposo que haga cosas!».

Otra manera para descubrir tu lenguaje primario del amor es examinando lo que haces o dices para expresarle amor a tu cónyuge. Es posible que lo que haces para él sea lo que quieres que él haga por ti. Si estás haciendo siempre actos de servicio para tu cónyuge, tal vez (aunque no siempre) ese sea tu lenguaje del amor. Si las palabras de afirmación te expresan amor, es posible que quieras usarlas para manifestarle amor a tu cónyuge. De ese modo, puedes descubrir tu propio lenguaje del amor preguntando: «¿Cómo expreso de manera consciente mi amor por mi cónyuge?».

Tu imagen de una pareja perfecta te daría alguna idea de tu lenguaje primario del amor.

Sin embargo, recuerda que ese método es una posible pista para tu lenguaje del amor; no es un indicador absoluto. Por ejemplo, el esposo que aprendió de su padre a expresarle amor a su esposa dándole bonitos regalos, manifiesta su amor por su esposa haciendo lo que hizo su padre, pero recibir regalos no es su lenguaje principal del amor. Solo hace lo que le enseñó hacer su padre.

He sugerido tres maneras para descubrir tu propio lenguaje primario del amor:

1. ¿Qué hace tu cónyuge, o deja de hacer, que te hiere de manera más profunda? Es probable que lo opuesto a lo que más te hiere sea tu lenguaje del amor.

2. ¿Qué le has pedido con más frecuencia a tu cónyuge? Quizá eso que le hayas pedido con más frecuencia sea lo que te hace sentir más amado.

3. ¿De qué manera le expresas amor a tu cónyuge casi siempre? Tu costumbre de expresar amor pudiera ser un indicio de lo que también te haría sentirte amado.

Es probable que el uso de esos tres métodos te permita determinar tu lenguaje primario del amor. Si dos lenguajes te parecen iguales, es decir, si ambos te hablan con fuerza, tal vez seas «bilingüe». En ese caso, esto le facilita las cosas a tu cónyuge. Ahora tienes dos alternativas, cualquiera de las dos te comunicará con intensidad su amor.

También es posible que desees tomar el «Perfil de los cinco lenguajes del amor» que se encuentra al final del libro. Analiza los resultados con tu cónyuge.

Dos tipos de personas pueden tener dificultades a la hora de descubrir su lenguaje primario del amor. El primero es el individuo cuyo tanque emocional de amor ha estado lleno por mucho tiempo. Su cónyuge le ha expresado amor de varias maneras y no tiene la seguridad de cuáles le hacen sentir que le aman más. En realidad, sabe que le aman. El segundo es el individuo cuyo tanque de amor ha estado vacío por mucho tiempo y no recuerda lo que le hace sentir que le aman. En todo caso, sí recuerda la experiencia del enamoramiento y se pregunta: «¿Qué es lo que me gustaba de mi cónyuge en esos días? ¿Qué hacía o decía que me hacía desear estar a su lado?». Si puedes recordar, eso te dará una idea de tu lenguaje primario del amor. Puedes también preguntarte: «¿Cómo sería un cónyuge ideal para mí? Si pudiera tener la pareja perfecta, ¿cómo debería ser?». Tu imagen de una pareja perfecta te daría alguna idea de tu lenguaje primario del amor.

Habiendo dicho todo eso, déjame sugerirte que pases un tiempo escribiendo lo que crees que sea tu lenguaje primario del amor. Luego, anota los otros cuatro en orden de importancia. Además, anota el que crees que sea el lenguaje primario del amor de tu cónyuge. Si lo deseas, también puedes escribir los otros cuatro en orden de importancia. Siéntate con tu cónyuge y discute lo que supones que sea su lenguaje primario del amor. Después, díganse el uno al otro lo que consideran que sean sus propios lenguajes primarios del amor.

Una vez que comparten esa información, te sugiero que realices el siguiente juego tres veces a la semana durante tres semanas. El juego se llama: «Revisión del tanque», y se juega así: Cuando llegas a casa, uno de ustedes le dice al otro: «En una escala del cero al diez, ¿cómo está tu tanque de amor esta noche?». Cero significa vacío, y diez significa «Estoy lleno de amor y no puedo más». Tú lees tu propio tanque de amor: 10, 9, 8, 7, 6, 5, 4, 3, 2, 1 o 0, indicando cuán lleno está. Tu cónyuge dice: «¿Qué podría hacer para llenarlo?».

Entonces, haces una sugerencia, algo que quisieras que tu cónyuge hiciera o dijera esa noche. Él responderá a tu petición de la mejor manera. Luego, repite el proceso en el sentido contrario, de modo que los dos tengan la oportunidad de hacer la lectura de su tanque de amor, y hacer una sugerencia para llenarlo. Si practicas el juego por tres semanas, quedarás encantado y será una manera divertida de estimular las expresiones de amor en tu matrimonio.

—No me gusta ese juego del tanque de amor —me dijo un esposo—. Lo jugué con mi esposa. Llegué a casa y le dije: "En una escala del cero al diez, ¿cómo está tu tanque de amor esta noche?". Ella dijo: "Como en siete". Entonces le pregunté: "¿Qué podría hacer para llenarlo?". Ella me dijo: "Lo mejor que podrías hacer por mí esta noche es lavar la ropa". Le dije: "¿Amor y lavado?". No lo entiendo.

—Ese es el problema —le dije entonces—. Tal vez no entiendas el lenguaje del amor de tu esposa. ¿Cuál es tu lenguaje primario del amor?

—Toque físico —me contestó sin vacilar—, y en especial la parte sexual del matrimonio.

—Escúchame con mucha atención —le dije—. El amor que sientes cuando tu esposa te expresa amor mediante el toque físico es el mismo amor que tu esposa siente cuando lavas la ropa.

—Iré a lavar —gritó—. Lavaré la ropa todas las noches si eso la hace sentir bien.

A propósito, si todavía no has descubierto tu lenguaje primario del amor, anota los resultados del juego de revisión del tanque. Cuando tu cónyuge diga: «¿Qué podría hacer para llenar tu tanque?», es probable que sus sugerencias se agrupen en torno a tu lenguaje primario del amor. Tú puedes pedir cosas de los cinco lenguajes del amor, pero la mayoría de tus peticiones se centrarán en tu lenguaje primario del amor.

Tal vez alguno de ustedes piense lo que una pareja me dijo en Zion, Illinois: «Doctor Chapman, todo eso parece excelente y maravilloso, ¿pero qué sucede si el lenguaje del amor de su cónyuge es algo que no le surge con naturalidad?». Discutiremos mi respuesta en el capítulo 10.

TU TURNO

¿Crees que por ahora tienes un buen sentido de lo que es el lenguaje del amor de tu cónyuge? ¿Qué te parece a ti? ¿Qué más podrías hacer a fin de explorar esto?

Si tu tanque de amor está vacío por completo o muy lleno, ya sea que conozcas o no tu lenguaje del amor, realiza el juego de la revisión del tanque por el siguiente mes. Pide una lectura de 0 a 10 tres noches a la semana y, luego, acepta las sugerencias de tu cónyuge a fin de que se le eleve ese número. Si tu cónyuge está en 10 con regularidad, puedes felicitarte... pero no dejes de amar.

10

El amor es una decisión

¿Cómo podemos hablar el lenguaje de amor del otro cuando estamos llenos de heridas, enojo y resentimientos por los errores del pasado? La respuesta a esa pregunta está en la esencia de la naturaleza humana. Somos criaturas que deciden. Eso significa que tenemos la capacidad de tomar malas decisiones, algo que todos hemos hecho. Hemos dicho palabras duras y hemos hecho cosas que hieren. No nos sentimos orgullosos de esas decisiones, aunque en su momento parecieron justificadas. Las malas decisiones del pasado no significan que debamos repetirlas en el futuro. En cambio, podemos decir: «Lo siento. Sé que te hice daño, pero me gustaría hacer diferente el futuro. Me gustaría amarte en tu propio lenguaje. Me gustaría satisfacer tus necesidades». He visto matrimonios al borde del divorcio que salen a flote cuando las parejas toman la decisión de amar.

El amor no borra el pasado, pero hace que el futuro sea diferente. Cuando decidimos mostrar expresiones activas del amor en el lenguaje del amor primario de nuestro cónyuge, creamos un clima emocional en el que podemos lidiar con nuestros conflictos y fracasos del pasado.

«YA NO LA AMO»

Benjamín estaba en mi oficina sin mostrar emoción alguna y, al parecer, insensible. No vino por su propia iniciativa, sino a petición mía. Una semana antes su esposa, Rebeca, estuvo sentada en la misma silla, llorando. En medio de sus accesos de llanto, se las ingeniaba para expresar que Benjamín le había dicho que ya no la amaba y que se iba. Estaba devastada. Cuando recuperó su compostura, me dijo: «Los dos hemos trabajado muchísimo en los últimos dos o tres años. Sabía que no pasábamos juntos mucho tiempo como antes, pero pensaba que trabajábamos por una meta en común. No puedo creer lo que está diciendo. Siempre ha sido una persona bondadosa y amable. Asimismo, es un padre bueno para nuestros hijos». Continuó: «¿Cómo podría hacernos esto?».

Escuché cómo describía sus doce años de matrimonio. Era una historia que había escuchado muchas veces antes. Tuvieron un noviazgo emocionante, se casaron en el apogeo de la experiencia del «enamoramiento», tuvieron los ajustes típicos al principio del matrimonio y perseguían el sueño americano. A su debido tiempo, bajaron del nivel emocional del «enamoramiento», pero no aprendieron a hablar lo suficiente el lenguaje del otro. Rebeca había vivido con un tanque de amor a medio llenar durante los últimos años, pero había recibido bastantes expresiones de amor para hacerla pensar que todo estaba bien. Sin embargo, el tanque del amor de Benjamín estaba vacío.

Le dije a Rebeca que vería si lograba que Benjamín conversara conmigo. Por teléfono le dije a Benjamín: «Como sabes, Rebeca vino a verme y me contó acerca de sus dificultades con lo que estaba pasando en el matrimonio. Deseo ayudarla, pero para hacerlo, necesito saber lo que piensas». Benjamín accedió de buena gana, y ahora está sentado en mi oficina. Su apariencia externa estaba en marcado contraste con la de Rebeca. Ella había llorado sin control, pero él estaba sereno. Tuve la impresión, sin embargo, que sus lágrimas las derramara quizá semanas o meses antes y que fue un llanto interno. La historia de Benjamín confirmó mi corazonada. «Ya no la amo», dijo. «La he amado por mucho tiempo. No quiero herirla, pero no hay cercanía. Nuestra relación es vacía. Ya no disfruto estar a su lado. No sé lo que pasó. Me gustaría que fuera diferente, pero ya no siento nada por ella».

Benjamín pensaba y sentía lo que cientos de miles de esposos han pensado y sentido a través de los años. La mentalidad de «Ya no la amo» es lo que les da a los hombres la libertad emocional para buscar el amor de otra persona. Lo mismo es cierto para las esposas que usan similar excusa.

Comprendía a Benjamín, pues tuve esa experiencia. Miles de esposos y esposas han pasado por lo mismo, están vacíos en lo emocional, deseando hacer lo apropiado, no queriendo herir a nadie, pero viéndose presionado por la necesidad de buscar amor fuera del matrimonio. Por fortuna, descubrí en los primeros años de mi propio matrimonio la diferencia entre la experiencia del «enamoramiento» y la «necesidad emocional» de sentirse amado. La mayoría en nuestra sociedad no ha aprendido esa diferencia.

La experiencia del «enamoramiento» que analizamos en el capítulo 3 está en el nivel del instinto. No es premeditada; solo sucede en el contexto normal de las relaciones hombre-mujer. Se puede fomentar o apagar, pero no surge mediante elección consciente. Es de corta duración (casi siempre dos años o menos) y parece que para la humanidad tiene la misma función del graznido para apareamiento del ganso canadiense.

La experiencia del «enamoramiento» suple de manera temporal nuestra necesidad emocional de amor. Nos da la sensación de que alguien se interesa, nos admira y aprecia. Nuestras emociones se disparan con la idea de que otra persona nos ve como lo más importante, que está dispuesta a dedicarle de manera exclusiva tiempo y energías a nuestra relación. Por un breve período, sin embargo, no importa cuánto dure, se suple nuestra necesidad emocional por el amor. Nuestro tanque está lleno; podemos conquistar el mundo. Nada es imposible. Para muchos individuos, es la primera vez que han vivido alguna vez con un tanque emocional lleno y la sensación es de euforia.

Con el tiempo, sin embargo, descendemos desde ese estimulante natural al mundo real. Si nuestro cónyuge ha aprendido a hablar nuestro lenguaje primario del amor, nuestra necesidad de amor seguirá satisfecha. Si, por otro lado, no habla nuestro lenguaje del amor, nuestro tanque se irá vaciando poco a poco y ya no nos sentiremos amados. Sin duda, la satisfacción de esa necesidad en nuestro cónyuge es una decisión. Si aprendo el lenguaje emocional del amor de mi esposa y lo hablo con frecuencia, seguirá sintiéndose amada. Cuando descienda de la obsesión de la experiencia del «enamoramiento», apenas lo extrañará porque se seguirá llenando su tanque emocional del amor. No obstante, si no aprendo su lenguaje primario del amor o decido no hablarlo, cuando descienda de las alturas emocionales, tendrá los anhelos naturales de las necesidades emocionales insatisfechas. Al cabo de algunos años de vivir con un tanque de amor vacío, es probable que se «enamore» de otra persona y el ciclo comience de nuevo.

> Miré a Benjamín y supe en mi corazón que quizá ya estuviera involucrado en otra experiencia de «enamoramiento».

La satisfacción de la necesidad por amor de mi esposa es una decisión que tomo cada día. Si sé cuál es su lenguaje primario del amor y decido hablarlo, se satisfarán sus necesidades más profundas y se sentirá segura de mi amor. Si ella hace lo mismo por mí, se satisfarán mis necesidades emocionales y ambos viviremos con un tanque lleno. En un estado de contentamiento emocional, ambos les aportaremos nuestras energías creativas a muchos proyectos provechosos fuera del matrimonio, mientras mantenemos nuestro matrimonio emocionante y floreciente.

Con todo eso en mi mente, volví a mirar el rostro impasible de Benjamín y me preguntaba si podría ayudarlo. Sabía en mi corazón que quizá ya estuviera involucrado en otra experiencia de «enamoramiento». Me preguntaba si estaba en las etapas iniciales o en su punto culminante. Pocos hombres que sufren de un tanque de amor emocional vacío dejan su matrimonio si no tienen otras posibilidades de satisfacer esa necesidad en otro lugar.

Benjamín fue sincero y reveló que ya hacía varios meses que estaba enamorado de alguien. Había esperado que esos sentimientos desaparecieran y que pudiera arreglar su situación con su esposa. Sin embargo, las cosas en el hogar habían empeorado y su amor por la otra mujer había aumentado. No podía imaginarse la vida sin su nueva amante.

Comprendía el dilema de Benjamín. A decir verdad, no quería herir a su esposa ni a sus hijos, pero al mismo tiempo, sentía que se merecía una vida de felicidad. Le dije las estadísticas: que la tasa de divorcios es más alta en los segundos matrimonios. Se sorprendió al escuchar eso, pero tenía la certeza de que lo lograría contra todo pronóstico. Le conté acerca de la investigación sobre los efectos del divorcio en los niños, pero estaba convencido que seguiría siendo un buen padre para sus hijos y que superarían el trauma del divorcio. Le hablé a Benjamín acerca de los asuntos en este libro y le aclaré la diferencia entre la experiencia del enamoramiento y la profunda necesidad emocional de sentirse amado. Le expliqué los cinco lenguajes del amor y lo desafié a que le diera otra oportunidad a su matrimonio. A la misma vez, sabía que mi método intelectual y razonado para el matrimonio comparado con la intensidad emocional que Benjamín experimentaba era como si una pistola de juguete midiera fuerzas contra un arma automática. Me dio las gracias por mi preocupación y me pidió que hiciera todo lo posible por ayudar a Rebeca. Sin embargo, me aseguró que no veía ninguna esperanza para el matrimonio.

EL DESCENSO DE LAS ALTURAS

Un mes más tarde, recibí una llamada de Benjamín. Me dijo que le gustaría hablar de nuevo conmigo. Esta vez, cuando entró a mi oficina, estaba visiblemente perturbado. No era el hombre calmado y frío que vi antes. Su amante había comenzado a descender de la altura emocional, y estaba observando cosas en Benjamín que no le gustaban. Se había alejado de la relación, y él estaba destrozado. Con los ojos llenos de lágrimas me dijo lo mucho que ella significaba para él y lo insoportable que era experimentar su rechazo.

Lo escuché con compasión por una hora, antes de que me pidiera mi consejo. Le dije cuánto sentía su dolor y le hice notar que lo que estaba experimentando era el sufrimiento natural de una pérdida, y que la aflicción no desaparecería de la noche a la mañana. Le expliqué, sin embargo, que la experiencia era inevitable. Le recordé la naturaleza temporal de la experiencia del «enamoramiento» que, tarde o temprano, siempre nos bajaba de las nubes hacia el mundo real. Algunos dejan de amar antes del matrimonio; otros, después del matrimonio. Benjamín entendió que era mejor ahora que después.

Después de un rato, le sugerí que quizá la crisis fuera un buen tiempo para que él y su esposa recibieran alguna consejería matrimonial. Le recordé esa verdad de que el amor emocional que perdura es una decisión y que el amor emocional podía renacer en su matrimonio si él y su esposa aprendían a amarse el uno al otro en los apropiados lenguajes del amor. Aceptó la consejería matrimonial, y nueve meses más tarde, Benjamín y Rebeca salieron de mi oficina con un matrimonio renacido. Cuando vi a Benjamín tres años después, me dijo que tenía un matrimonio maravilloso y me dio las gracias por ayudarle en un tiempo crucial de su vida. Me contó que hacía más de dos años que desapareció el dolor por la pérdida de su amante. Sonrió y dijo: «Mi tanque nunca ha estado tan lleno, y Rebeca es la mujer más feliz que haya conocido alguna vez».

Por fortuna, Benjamín fue el benefactor de lo que llamo el desequilibrio de la experiencia del «enamoramiento». Es decir, casi nunca dos personas se enamoran el mismo día, y casi nunca se desenamoran en el mismo día. No tienes que ser un sociólogo para descubrir esa verdad. Solo escuchen las canciones románticas. La amante de Benjamín dejó de quererlo en un momento oportuno.

EL PODER DE LA DECISIÓN DE AMAR

En los nueve meses que aconsejé a Benjamín y a Rebeca, trabajamos a través de numerosos conflictos que no habían resuelto nunca antes. Sin embargo, la clave para el renacimiento de su matrimonio fue descubrir el lenguaje primario del amor del otro y decidir hablarlo con frecuencia.

Permíteme volver a la pregunta que hice en el capítulo 9. «¿Qué sucede si el lenguaje del amor de tu cónyuge es algo que no te surge con naturalidad?». A menudo hago esta pregunta en mis seminarios para matrimonios y mi respuesta es: «¿Y qué?».

Casi todos nosotros hacemos muchas cosas cada día que no nos vienen con «naturalidad».

El lenguaje del amor de mi esposa es actos de servicio. Una de las cosas que hago por ella con regularidad como un acto de amor es pasarles la aspiradora a los pisos. ¿Crees que pasarles la aspiradora a los pisos es algo natural para mí? Mi madre acostumbraba a hacerme limpiar la casa. Cuando estaba en la secundaria y después en el instituto, no podía ir a jugar pelota los sábados hasta que no terminara de pasarle la aspiradora a toda la casa. En esos días me dije: «Cuando salga de aquí, una de las cosas que jamás voy a hacer es pasarles la aspiradora a las casas. Me conseguiré una esposa para que haga eso».

No obstante, ahora le paso la aspiradora a nuestra casa, y lo hago con regularidad. Además, solo existe una razón para esto: Amor. Tú no me podrías pagar lo suficiente por pasarle la aspiradora a una casa, pero lo hago por amor. Verás, cuando una acción no es algo natural para ti, es una mayor expresión de amor. Mi esposa sabe que cuando le paso la aspiradora a la casa, es nada menos que amor cien por cien puro y sin contaminaciones, ¡y recibo el crédito por todo eso!

Alguien dice: «Sin embargo, doctor Chapman, eso es diferente. Sé que el lenguaje del amor de mi cónyuge es el toque físico, y no soy dado a tocar. Nunca vi abrazarse a mi padre y a mi madre. Nunca me abrazaron. A decir verdad, eso no es lo mío. ¿Qué voy a hacer?».

¿Tienes dos manos? ¿Puedes juntarlas? Ahora, imagínate que tienes a tu cónyuge en el medio y le atraes hacia ti. Te apuesto a que si abrazas a tu cónyuge tres mil veces, empezarás a sentirte más cómodo. Entonces, a fin de cuentas, la comodidad no es el asunto. Estamos hablando acerca del amor, y el amor es algo que haces por otra persona, no es algo que haces para ti. Casi todos nosotros hacemos muchas cosas cada día que no nos vienen con «naturalidad». Para algunos de nosotros, eso es levantarnos de la cama en la mañana. Vamos en contra de nuestros sentimientos y salimos de la cama. ¿Por qué? Porque creemos que hay algo que vale la pena hacer ese día. Además, por lo general, antes de que el día termine, nos sentimos bien por habernos levantado. Nuestras acciones preceden a nuestras emociones.

Lo mismo es cierto con el amor. Descubrimos el lenguaje primario del amor de nuestro cónyuge, y decidimos hablarlo sin importar si es natural o no para nosotros. No afirmamos que tenemos sentimientos afectuosos ni emocionantes. Solo decidimos hacerlo por su beneficio. Queremos suplir las necesidades emocionales de nuestro cónyuge, y nos ponemos a hablar su lenguaje del amor. Al actuar de ese modo, se llena su tanque emocional del amor y es muy posible que nos corresponda y hable nuestro lenguaje. Cuando lo hace, vuelven nuestras emociones y comienza a llenarse nuestro tanque de amor.

El amor es una decisión. Y cualquier pareja puede comenzar el proceso hoy.

TU TURNO

Un pensamiento clave aquí es la idea de hablar el lenguaje del amor de nuestra pareja, ya sea natural o no para nosotros. ¿Por qué esto es tan fundamental para un matrimonio saludable?

11

El amor marca la diferencia

El amor no es nuestra única necesidad emocional. Los psicólogos han observado que entre nuestras necesidades básicas están las de seguridad, autoestima e importancia. Sin embargo, el amor interactúa con todas estas. Si me siento amado por mi esposa, puedo relajarme sabiendo que mi amada no me hará mal. Me siento seguro en su presencia. Puede que tenga ciertas incertidumbres en mi vocación. Tal vez tenga enemigos en otras esferas de mi vida, pero con mi esposa me siento seguro.

Mi sentido de autoestima se alimenta con el hecho de que mi cónyuge me ama. Después de todo, si me ama, debe ser porque soy digno de amor. Es posible que mis padres me transmitieran mensajes negativos o confusos en cuanto a mi valor, pero mi cónyuge me conoce como una persona adulta y me ama. Su amor fomenta mi autoestima.

La necesidad de importancia es la fuerza emocional detrás de gran parte de nuestra conducta. El deseo de triunfar es lo que da impulso a la vida. Queremos que nuestras vidas cuenten para alguien. Tenemos nuestra propia idea de lo que quiere decir ser importante, y nos esforzamos al máximo para alcanzar nuestras metas. Sentirse amado por un cónyuge mejora nuestro sentido de importancia. Razonamos: *Si alguien me ama, debo ser importante.*

Soy importante porque estoy en la cúspide del orden creado. Tengo la capacidad de pensar en términos abstractos, comunicar mis pensamientos mediante palabras y tomar decisiones. A través de las palabras impresas o grabadas, puedo beneficiarme de los pensamientos de quienes me precedieron. Puedo beneficiarme de las experiencias de otros, aunque vivieran en diferentes épocas y en diferentes culturas. Experimento la muerte de familiares y amigos, y siento que hay existencia más allá de lo material. Descubro que, en todas las culturas, la gente cree en un mundo espiritual. Mi corazón me dice que es verdad aun cuando mi mente, educada en la observación científica, plantee preguntas críticas. Soy importante. La vida tiene sentido. Existe un propósito más alto. Quiero creerlo, pero quizá no me sienta importante hasta que alguien me exprese amor. Cuando mi cónyuge invierte tiempo, energía y esfuerzo en mí con cariño, creo que soy importante. Sin amor, quizá me pase toda la vida en busca de importancia, autoestima y seguridad. Cuando experimento amor, esto influye en todas esas necesidades de manera positiva. Ahora soy libre para desarrollar mi potencial. Estoy más seguro de mi autoestima y puedo dirigir mis esfuerzos hacia fuera, en vez de estar obsesionado con mis propias necesidades. El verdadero amor siempre libera.

En el contexto del matrimonio, si no nos sentimos amados, nuestras diferencias se amplían. Llegamos a vernos el uno al otro como una amenaza para nuestra felicidad. Luchamos por

El verdadero amor siempre libera.

la autoestima y la importancia, y el matrimonio se convierte en un campo de batalla en lugar de un refugio.

El amor no es la respuesta para todo, pero crea un clima de seguridad en el que podemos buscar respuestas a esas cosas que nos molestan. En la seguridad del amor, una pareja puede analizar las diferencias sin condenación. Se pueden resolver los conflictos. Dos personas que son diferentes pueden aprender a vivir juntas en armonía. Descubrimos cómo sacar lo mejor de cada uno. Esas son las recompensas del amor.

«SOMOS COMO COMPAÑEROS DE CUARTO»

Cuando Juan y Susana llegaron a mi oficina, habían viajado durante tres horas. Era obvio que Juan no quería estar allí. Susana lo persuadió mediante amenazas de dejarlo. (No sugiero este método, pero las personas no siempre conocen mis sugerencias antes de venir a verme). Tenían más de treinta años de casados y nunca antes habían estado en consejería. Susana comenzó la conversación:

—Doctor Chapman, quiero que sepa dos cosas por adelantado. Antes que todo, no tenemos ningún problema económico. Leí en una revista que el dinero es el mayor problema en el matrimonio. Eso no sucede con nosotros. Los dos hemos trabajado a través de los años, la casa está pagada, los automóviles están pagados. En segundo lugar, quiero que sepa que no discutimos. Escucho a mis amigas hablar sobre las discusiones que tienen todo el tiempo. No recuerdo la última vez que tuvimos una discusión. Ambos estamos de acuerdo en que las discusiones tienen poco provecho, así que no discutimos.

Como consejero, apreciaba que Susana despejara el camino. Sabía que iba directo al grano.

—El problema es que no siento ningún amor de parte de mi esposo —continuó—. La vida es una rutina para nosotros. Nos levantamos en la mañana y vamos a trabajar. En la tarde, él hace sus cosas y yo hago las mías. Por lo general, cenamos juntos, pero no hablamos. Juan ve la televisión mientras comemos. Después de la cena, deambula por el sótano y, luego, se duerme delante del televisor hasta que le digo que es hora de irse a la cama. Ese es nuestro horario los cinco días de la semana. El sábado, juega golf por la mañana, trabaja en el patio por la tarde y vamos a cenar juntos con otra pareja en la noche. Conversa con ellos, pero cuando entramos al auto para volver a casa, termina la conversación. El domingo por la mañana, vamos a la iglesia. Y así por el estilo.

»Somos como dos compañeros de cuarto viviendo en la misma casa. No hay nada entre nosotros dos. No siento ningún amor de su parte. No hay cariño, ni hay emoción. Es vacío; es muerte. No creo que pueda seguir mucho tiempo así.

En ese momento, Susana estaba llorando. Le entregué un pañuelo de papel y miré a Juan.

—No la entiendo —fue su primer comentario. Después de una breve pausa, continuó—: He hecho todo lo que sé que le demuestra que la amo, en especial durante estos últimos dos o tres años, desde que se ha quejado tanto por eso. Nada parece ayudar. No importa lo que haga, sigue quejándose de que no se siente amada. No sé qué otra cosa hacer.

Podría decir que Juan estaba frustrado y exasperado.

—¿Qué has hecho para mostrarle tu amor a Susana? —le pregunté.

—Bueno, entre otras cosas —dijo—, llego a casa del trabajo antes que ella, así que comienzo a preparar la cena todas las noches. Es más, quiero que sepa la verdad, tengo la cena casi lista cuando llega a casa cuatro noches a la semana. La quinta noche, salimos a cenar. Le paso la aspiradora a toda la casa porque tiene problemas en la columna. Hago todo el trabajo del patio debido a que es alérgica al polen. Doblo la ropa cuando la saca de la secadora.

Siguió contándome otras cosas que hacía por Susana. Cuando terminó, me pregunté: *¿Qué hace esta mujer?*

—Hago todas esas cosas para demostrarle que la amo —continuó Juan—, pero se sienta allí y le dice a usted lo que me ha estado diciendo a mí durante dos o tres años... que no se siente amada. No sé qué otra cosa hacer por ella.

«Quiero que hable conmigo de nosotros, de nuestras vidas».

—Doctor Chapman —me dijo Susana cuando me volví hacia ella—, todas esas cosas son buenas, pero quiero que él se siente y hable conmigo. Jamás hablamos. Juan siempre está haciendo algo. Deseo que se siente en el sofá conmigo y me dé algún tiempo, que me mire, hable conmigo acerca de nosotros, de nuestras vidas.

Susana lloraba de nuevo. Para mí era obvio que su lenguaje primario del amor era «tiempo de calidad». Clamaba por atención. Deseaba que la trataran como una persona, no como un objeto. Las ocupaciones de Juan no suplían sus necesidades emocionales. Mientras conversaba con Juan, descubrí que tampoco se sentía amado, pero no hablaba de eso. Razonaba: «Si tienes treinta y cinco años de casado, tus cuentas están pagadas y no discutes, ¿qué más puede esperar uno?». Ahí es donde estaba. Sin embargo, cuando le dije:

—¿Cómo sería una esposa ideal para ti? Si pudieras tener una esposa perfecta, ¿cómo sería?

Cuando le hice esta pregunta, me miró a los ojos por primera vez y preguntó:

—¿De verdad quiere saberlo?

—Sí —le contesté.

Se incorporó en el sofá y cruzó los brazos sobre el pecho. Una sonrisa apareció en su rostro y dijo:

—He soñado con eso. Una esposa perfecta para mí sería una que llegara a casa por las tardes y me preparara la cena. Yo estaría trabajando en el patio y ella me llamaría para comer. Después de la comida, ella lavaría los platos. Es probable que le ayudara algo, pero ella tendría la responsabilidad. Me cosería los botones que se le caen a mis camisas.

Susana no pudo contenerse más. Se volvió a él y le dijo:

—¡Pero tú me dijiste que te gustaba cocinar!

—No me importa cocinar —respondió Juan—, pero él me preguntó qué sería lo ideal.

Sin otra palabra, supe cuál era el lenguaje primario del amor de Juan: «Actos de servicio». En su mente, esa era la manera en que uno demuestra amor: haciendo cosas por la gente. El problema era que «hacer cosas» no era el lenguaje primario del amor de Susana. En lo emocional, para ella no significaba lo que sí hubiera significado para él si le hubiera hecho esas cosas.

Cuando Juan se dio cuenta de lo que necesitaba su esposa en realidad, lo primero que dijo fue:

—¿Por qué alguien no me dijo esto hace treinta años? Podría haber estado *hablando* con ella todas las noches en lugar de hacer todas estas cosas —dijo y se volvió a Susana para decirle—: Por primera vez en mi vida, al fin comprendo lo que quieres expresar cuando me dices "No hablamos". Nunca pude entender eso. Siempre te preguntaba: "¿Dormiste bien?". Pensaba que estábamos hablando, pero ahora comprendo. Tú quieres que nos sentemos juntos, nos miremos el uno al otro y hablemos. Ahora entiendo lo que quieres decir, y ahora sé el porqué es tan importante para ti. Es tu lenguaje emocional del amor, y comenzaremos esta noche. Te daré quince minutos cada noche por el resto de mi vida. Puedes contar con eso.

—Eso sería maravilloso —dijo Susana mirando a Juan—. Y no me importa prepararte la cena. Tendrá que ser más tarde de lo habitual porque salgo del trabajo después que tú, pero no me importa preparar la cena. Además, me encantaría coserte los botones. Nunca se te caen demasiado lejos para alcanzarlos.

Lavaré los platos por el resto de mi vida si eso te hace sentir amado.

Susana y Juan regresaron a casa y comenzaron a amarse en los lenguajes del amor apropiados. En menos de dos meses, se fueron a una segunda luna de miel. Después del viaje a las Bahamas, llamaron para contarme sobre el cambio tan radical que tuvo lugar en su matrimonio.

¿Puede renacer el amor emocional en un matrimonio? Claro que sí. La clave es aprender el lenguaje primario del amor de tu cónyuge y decidir hablarlo.

TU TURNO

¿Qué es lo que le hace sentir a tu cónyuge más «importante»?
¿Qué te parece si lo llevas a cabo?

LOS **5** *LENGUAJES*
— DEL —
amor

12

Ama a quien
no merece amor

E ra un hermoso sábado de septiembre. Mi esposa y yo paseábamos por los Jardines Reynolda disfrutando de la flora, algunas de las cuales se importaron de diferentes partes del mundo. En un inicio, los jardines los cultivó R.J. Reynolds, el magnate del tabaco, como parte de su hacienda. Ahora pertenecen al campus de la Universidad de Wake Forest. Acabábamos de pasar el jardín de las rosas cuando me percaté de Ana, una mujer que comencé a aconsejar dos semanas antes, aproximándose a nosotros. Caminaba con la mirada baja hacia el sendero de adoquines y parecía estar en meditaciones profundas. Cuando la saludé, se sorprendió, pero levantó la vista y sonrió. Se la presenté a Karolyn, e intercambiamos cumplidos. Entonces, sin ningún preámbulo, me hizo una de las preguntas más profundas que escuchara jamás: «Doctor Chapman, ¿es posible amar a alguien que se odia?».

Sabía que la pregunta nacía de una herida profunda y merecía una cuidadosa respuesta. También sabía que la vería la semana siguiente para otra cita de consejería, así que le dije: «Ana, esa es una de las preguntas que más invitan a la reflexión de las que haya escuchado jamás. ¿Por qué no hablamos sobre eso la próxima semana?». Aceptó, y Karolyn y yo continuamos nuestro paseo. Sin embargo, la pregunta de Ana no desapareció. Más tarde, mientras nos dirigíamos al hogar, Karolyn y yo la analizamos. Reflexionamos sobre los primeros días de nuestro matrimonio y recordamos que a menudo experimentamos sentimientos de odio. Nuestras palabras condenatorias mutuas nos causaron dolor y, pisándoles los talones al dolor, el enojo. Y el enojo que se almacenó dentro se convirtió en odio.

¿Qué marcó la diferencia para nosotros? Los dos sabíamos que era la decisión de amar. Nos habíamos dado cuenta de que si continuaba nuestro patrón de exigencia y condenación, destruiríamos nuestro matrimonio. Por fortuna, durante un período de un año, habíamos aprendido cómo discutir nuestras diferencias sin condenarnos el uno al otro, cómo tomar decisiones sin destruir nuestra unidad, cómo hacer sugerencias constructivas sin ser exigentes y, al final, cómo hablar el lenguaje primario de amor del otro. Nuestra decisión de amarnos se tomó en medio de sentimientos negativos mutuos. Cuando comenzamos a hablar el lenguaje primario de amor del otro, cesaron los sentimientos de ira y de odio.

¿Es posible amar a un cónyuge que se ha convertido en tu enemigo?

Nuestra situación, sin embargo, era diferente a la de Ana. Karolyn y yo estuvimos dispuestos al aprendizaje y a la madurez. Sabía que ese no era el caso con el esposo de Ana. Me dijo la semana anterior que le había suplicado que fuera a consejería. Le había rogado que leyera un libro o escuchara una conferencia sobre el matrimonio, pero había rechazado todos sus esfuerzos para madurar. Según ella, su actitud era: «Yo no tengo ningún problema. Tú eres la única con problemas». En su parecer, tenía razón; ella estaba equivocada... tan simple como eso. Los sentimientos de amor de la mujer habían muerto con los años, debido a la constante crítica y condenación de su esposo. Después de diez años de matrimonio, su energía emocional estaba agotada y su autoestima casi destruida. ¿Había esperanza para el matrimonio de Ana? ¿Podría amar a un esposo que no merecía amor? ¿Alguna vez le respondería amándola?

EL MAYOR DESAFÍO DEL AMOR

Sabía que Ana era una persona muy religiosa y que asistía a la iglesia con regularidad. Supuse que quizá su única esperanza para la supervivencia conyugal estaba en su fe. Al siguiente día, con Ana en mente, comencé a leer el relato de Lucas sobre la vida de Cristo. Siempre he admirado los escritos de Lucas porque era un médico que le prestaba atención a los detalles y en el primer siglo escribió una narración ordenada de las enseñanzas y el estilo de vida de Jesús de Nazaret. En lo que muchos han llamado el más grandioso sermón, leí las siguientes palabras, a las que llamo el mayor desafío del amor.

A ustedes que me escuchan les digo: Amen a sus enemigos, hagan bien a quienes los odian, bendigan a quienes los maldicen, oren por quienes los maltratan [...] Traten a los demás tal y como quieren que ellos los traten a ustedes. ¿Qué mérito tienen ustedes al amar a quienes los aman? Aun los pecadores lo hacen así[1].

Me parecía que ese profundo desafío, escrito hace casi dos mil años, pudiera ser la dirección que buscaba Ana, ¿pero podría cumplirlo? ¿Podría hacerlo alguien? ¿Es posible amar a un cónyuge que se ha convertido en tu enemigo? ¿Es posible amar a quien te ha maldecido, maltratado y demostrado sentimientos de antipatía y odio? Y si pudiera, ¿habría alguna retribución? ¿Cambiaría alguna vez su esposo y comenzaría a expresarle amor y consideración? Estaba asombrado por estas otras palabras del sermón de Jesús: «Den, y se les dará: se les echará en el regazo una medida llena, apretada, sacudida y desbordante. Porque con la medida que midan a otros, se les medirá a ustedes»[2].

¿Podría ese principio de amar a una persona que no merece amor dar resultado en un matrimonio casi destruido como el de Ana? Decidí hacer un experimento. Tomaría como mi hipótesis que si Ana podía aprender el lenguaje primario del amor de su esposo y hablarlo por un tiempo de manera que se supliera su necesidad emocional de amor, con el tiempo él le retribuiría y le expresaría amor también. Me pregunté: *¿Daría resultados?*

A la semana siguiente, me reuní con Ana y la escuché de nuevo mientras repasaba los sufrimientos en su matrimonio. Al final de su sinopsis, repitió la pregunta que me hizo en los Jardines Reynolda. Esta vez la puso en la forma de una declaración:

—Doctor Chapman, no sé si alguna vez pueda amarlo de nuevo después de todo lo que me ha hecho.

—¿Has hablado de tu situación con alguna de tus amigas? —le pregunté.

—Con dos de mis amigas más íntimas —dijo—, y un poco con algunas otras personas.

—¿Y cuál fue su respuesta?

—Que me fuera —dijo—. Todas me dijeron que me fuera, que él nunca cambiaría, y que lo único que hago es prolongar mi agonía. Sin embargo, no puedo hacer eso. Tal vez deba hacerlo, pero no puedo creer que eso sea lo adecuado.

—Me parece que estás atrapada entre tus creencias religiosas y morales que te dicen que está mal abandonar tu matrimonio, y tu dolor emocional, el cual te dice que abandonarlo es la única manera de sobrevivir —le dije.

—Eso es justo lo que sucede, doctor Chapman. Esa es con exactitud la manera en que me siento. No sé qué hacer.

—Me identifico por completo con tu lucha —continué—. Estás en una situación muy difícil. Me gustaría ofrecerte una respuesta fácil. Es lamentable, pero no puedo. Es probable que las dos alternativas que te mencioné, irte o quedarte, te produzcan mucho dolor. Antes que tomes una decisión, tengo una idea. No estoy seguro de que dé resultado, pero me gustaría intentarlo. Por lo que me has dicho, sé que tu fe religiosa es importante para ti y que respetas mucho las enseñanzas de Jesús.

Ana asintió con la cabeza, así que continué:

—Quiero leerte algo que Jesús dijo una vez que creo que tiene alguna aplicación para tu matrimonio —le dije y, luego, leí de manera lenta y deliberada:

A ustedes que me escuchan les digo: Amen a sus enemigos, hagan bien a quienes los odian, bendigan a quienes los maldicen, oren por quienes los maltratan [...] Traten a los demás tal y como quieren que ellos los traten a ustedes. ¿Qué mérito tienen ustedes al amar a quienes los aman? Aun los pecadores lo hacen así.

—¿No se parece a tu esposo? ¿No te ha tratado como a una enemiga antes que como a amiga?

—Sí —dijo en voz baja después de una pausa.

—¿Alguna vez te ha maldecido? —le pregunté.

—Muchas veces.

—¿Alguna vez te ha maltratado?

—A menudo.

—¿Y te ha dicho que te odia?

—Sí.

EL EXPERIMENTO DE SEIS MESES

—Ana, si estás dispuesta, me gustaría hacer un experimento. Me gustaría ver qué pasaría si aplicáramos estos principios a tu matrimonio. Te explicaré lo que quiero decir.

Seguí explicándole a Ana el concepto del tanque emocional y el hecho de que cuando el tanque está bajo, como el suyo, no tenemos sentimientos de amor hacia nuestro cónyuge, sino que solo experimentamos vacío y dolor. Le dije que si pudiéramos aprender a hablar el lenguaje primario del amor del otro, se podría satisfacer esa necesidad emocional y podrían volver a crecer los sentimientos positivos.

—¿Tiene algún sentido para ti? —pregunté.

—Doctor Chapman, usted ha descrito mi vida. Nunca antes la he visto con tanta claridad. Estábamos enamorados antes de casarnos, pero poco después nuestro matrimonio se vino abajo y nunca aprendimos a hablar el lenguaje de amor del otro. Mi tanque ha estado vacío por años, y estoy segura de que el suyo también. Doctor Chapman, si hubiera entendido este concepto antes, tal vez nada de esto habría pasado.

—No podemos volver atrás, Ana —le dije—. Todo lo que podemos hacer es tratar de forjar un futuro diferente. Me gustaría proponer un experimento de seis meses.

—Probaré cualquier cosa —dijo Ana.

Me gustó su espíritu positivo, pero no estaba seguro si entendía lo difícil que sería el experimento.

—Comencemos por indicar nuestro objetivo —dije—. Si en seis meses pudieras lograr tu más profundo deseo, ¿cuál sería?

Ana guardó silencio por un rato. Entonces, dijo con toda convicción:

—Me gustaría vernos haciendo cosas juntos, yendo a lugares juntos. Me gustaría sentir que está interesado en mi mundo. Me gustaría vernos conversando cuando salimos a comer. Me gustaría que me escuchara. Me gustaría sentir que valora mis ideas. Me gustaría vernos viajando juntos y divirtiéndonos de nuevo.

Me gustaría saber que valora nuestro matrimonio más que cualquier cosa.

Ana hizo una pausa y, luego, continuó.

—Por mi parte, me gustaría sentir cariño y tener sentimientos positivos hacia él otra vez. Me gustaría respetarlo de nuevo. Me gustaría estar orgullosa de él. Ahora mismo, no tengo esos sentimientos.

Mientras Ana hablaba, yo escribía. Cuando terminó, leí en voz alta lo que dijo.

—Eso parece un objetivo muy noble —le dije—, ¿pero eso es lo que quieres en realidad, Ana?

—Más que cualquier cosa.

—Entonces, acordemos —le dije—, que este será nuestro objetivo. En seis meses, queremos ver que Gabriel y tú tengan esta clase de relación amorosa.

»Ahora bien, permíteme sugerir una hipótesis. Supongamos que si pudieras hablar el lenguaje primario del amor de Gabriel en forma constante por un período de seis meses, que a lo largo de ese tiempo se comenzara a satisfacer su necesidad emocional por amor; y mientras se llenara su tanque de amor, empezaría a corresponderte con amor.

»Como verás, esa hipótesis pone toda la iniciativa en tus manos —continué—. Gabriel no está tratando de arreglar las cosas en este matrimonio. Eres tú. Entonces, si canalizas tus energías por la dirección adecuada, hay una buena posibilidad de que Gabriel te corresponda a la larga.

Leí la otra porción de Jesús relatada por Lucas, el médico:

—*Den, y se les dará: se les echará en el regazo una medida llena, apretada, sacudida y desbordante. Porque con la medida que midan a otros, se les medirá a ustedes.*

»En términos generales, si somos amables y cariñosos con las personas, ellas tenderán a ser amables y cariñosas con nosotros. Eso no significa que podamos *hacer* bondadosa a una persona solo con ser bondadosos con ella. Somos agentes independientes. Por lo tanto, podemos desdeñar y alejarnos del amor, o incluso escupirle la cara. No hay garantía de que Gabriel responda a tus actos de amor. Solo podemos decir que hay una buena posibilidad de que lo haga.

«QUIERO SER UNA MEJOR ESPOSA PARA TI»

Entonces, analizamos los lenguajes primarios del amor de Ana y Gabriel. Supuse que el de ella era tiempo de calidad. Y Ana me lo confirmó.

—Al principio, hablábamos por horas y hacíamos juntos muchas cosas. Me sentía amada en verdad. Deseo más que cualquier cosa que vuelva esa parte de nuestro matrimonio. Cuando pasamos tiempo juntos, siento que le importo en realidad, pero cuando está siempre haciendo otras cosas, siento que los negocios y las otras cosas son más importantes que nuestra relación.

—¿Y cuál crees que sea el lenguaje primario del amor de Gabriel? —le pregunté.

—Pienso que es el toque físico y, en especial, la parte sexual del matrimonio. Sé que cuando me sentía más amada y estábamos más activos en lo sexual, él tenía una actitud diferente. Creo que ese es su lenguaje primario del amor.

—¿Alguna vez se ha quejado por la manera en que le hablas?

—Bueno, dice que lo regaño todo el tiempo. También dice que no lo apoyo, que siempre estoy en contra de sus ideas.

—Entonces, supongamos que el toque físico es su lenguaje primario del amor, y que las palabras de afirmación es su lenguaje secundario del amor —dije—. La razón por la que te sugiero el segundo es porque si se queja de tus palabras negativas, tal parece que las positivas le resultarían más significativas.

»Ahora bien, ¿qué tal si vas a casa y le dices a Gabriel? "He estado pensado en nosotros y he decidido ser una mejor esposa para ti. Así que si tienes algunas sugerencias, quiero que sepas que estoy lista para escucharlas. Puedes decírmelas ahora o analizar esto y decirme lo que piensas, pero de veras me gustaría ocuparme de eso". Cualquiera que sea su respuesta, negativa o positiva, solo acéptala como información. La declaración inicial le permite saber que algo diferente está a punto de suceder en su relación.

»Entonces, basada en tu suposición de que su lenguaje primario del amor es el toque físico y mi sugerencia de que su lenguaje secundario del amor quizá sea palabras de afirmación, enfoca tu atención en esas dos esferas por un mes.

«Es probable que tengas que depender en gran medida de tu fe en Dios para hacer esto».

»Si Gabriel regresa con una sugerencia de cómo podrías ser una mejor esposa, acepta esa información e insértala poco a poco en tu plan. Busca las cosas positivas en la vida de Gabriel y dale una afirmación verbal acerca de esas cosas. Mientras tanto, deja de quejarte. Si quieres quejarte por algo, escríbelo en tu cuaderno personal y no le digas nada a Gabriel este mes.

»Comienza a tener más iniciativa en el toque físico y la participación en las relaciones sexuales. Sorpréndelo siendo más dinámica, no solo respondiendo a sus avances. Establece la meta de tener relaciones sexuales por lo menos una vez a la semana las primeras dos semanas y después dos veces en las siguientes dos semanas.

Ana me había comentado que Gabriel y ella solo tuvieron una o dos veces relaciones sexuales en los pasados seis meses. Me imaginé que este plan sacaría las cosas del punto muerto con bastante rapidez.

—Ay, doctor Chapman, eso va a ser difícil —dijo Ana—. Me resulta duro ser sexualmente sensible cuando me pasa por alto todo el tiempo. Me he sentido usada en lugar de amada en nuestros encuentros sexuales. Todo el resto del tiempo actúa como si yo no tuviera ninguna importancia y, luego, quiere saltar a la cama y usar mi cuerpo. Eso me ha ofendido y supongo que por eso no hemos tenido relaciones con mucha frecuencia en los últimos años.

—Tu reacción ha sido natural y normal —le aseguré a Ana—. Para casi todas las esposas, el deseo de tener intimidad sexual con sus esposos es producto de sentirse amadas. Si se sienten amadas, desean la intimidad sexual. Si no es así, es probable que se sientan usadas en el contexto sexual. Por eso es que amar a alguien que no nos ama es muy difícil. Va en contra de nuestras tendencias naturales. Es probable que tengas que depender en gran medida de tu fe en Dios para hacer esto. Quizá te ayude si lees de nuevo el sermón de Jesús sobre amar a tus enemigos, amar a esos que te odian, amar a esos que te utilizan. Y luego, pídele a Dios que te ayude a practicar las enseñanzas de Jesús.

Podría decir que Ana entendía lo que le decía. Incluso, asentía ligeramente con la cabeza. Sus ojos me decían que tenía muchísimas preguntas.

—Sin embargo, doctor Chapman, ¿acaso no es hipocresía expresar el amor de manera sexual cuando tienes tales sentimientos negativos hacia la persona?

—Tal vez nos ayudaría distinguir entre el amor como un sentimiento y el amor como una acción —le dije—. Si afirmas que tienes sentimientos inexistentes, es hipocresía, y esa falsa comunicación no es la manera de forjar relaciones íntimas. No obstante, si expresas un acto de amor en beneficio o placer de la otra persona, es solo una decisión. No alegas que la acción sea el resultado de un compromiso emocional profundo. Solo decides hacer algo en beneficio del otro. Creo que eso debe ser lo que quiso decir Jesús.

»Sin duda, no tenemos sentimientos de amor hacia las personas que nos odian. Eso sería anormal, pero podemos hacerles actos de amor. Esa es una simple decisión. Esperamos que tales actos de amor tengan un efecto positivo en sus actitudes, comportamiento y tratamiento, pero al menos decidimos hacer algo positivo en su favor.

Mi respuesta pareció satisfacer a Ana, al menos por el momento. Tuve la sensación de que hablaríamos de eso otra vez. También tuve la sensación de que si el experimento daba resultado, sería por la profunda fe en Dios de Ana.

—Después del primer mes —dije—, quiero que le preguntes a Gabriel cómo te estás desempeñando. Con tus propias palabras, pregúntale: "Gabriel, ¿recuerdas que hace unas semanas te dije que iba a tratar de ser una mejor esposa? Quiero preguntarte si piensas que estoy lográndolo".

»Cualquier cosa que diga Gabriel, acéptalo como información. Cualquiera que sea su respuesta, no discutas, sino acéptala y asegúrale que estás hablando en serio respecto a ser una mejor esposa, y que si tiene sugerencias adicionales, estás lista para escucharlas.

»Sigue este patrón de pedirle su opinión una vez al mes por los seis meses. En cualquier momento que Gabriel te dé la primera respuesta positiva, sabrás que tus esfuerzos están llegando a él de manera emocional. Una semana después que recibas la primera opinión positiva, quiero que le hagas una petición, algo que quisieras que haga, algo que se ajuste a tu lenguaje primario del amor. Por ejemplo, puedes decirle una noche: "Gabriel, ¿sabes algo que me gustaría hacer? ¿Recuerdas cómo solíamos ir a pasear juntos en los Jardines Reynolda? Me gustaría hacer eso contigo el jueves por la noche. Los niños van a quedarse en casa de mi mamá. ¿Crees que sería posible?".

»Pídele algo específico, no general. No digas: "¿Sabes? Me gustaría que pasáramos más tiempo juntos". Eso es muy vago. ¿Cómo sabrás cuándo se cumplió? En cambio, si haces una petición específica, él sabrá con exactitud lo que quieres y tú sabrás que cuando lo haga, habrá decidido hacer algo por ti.

»Haz esto cada mes. Si lo hace, bien; si no lo hace, bien. Aun así, cuando lo haga, sabrás que está respondiendo a tus necesidades. En el proceso, le estás enseñando tu lenguaje primario del amor, porque tus peticiones están de acuerdo con tu lenguaje del amor. Si decide comenzar a amarte en tu lenguaje primario del amor, tus emociones positivas hacia él empezarán a salir a flote. Tu tanque emocional se llenará y, con el tiempo, renacerá el matrimonio.

—Doctor Chapman, haría cualquier cosa si fuera a suceder eso —dijo Ana.

—Bueno —respondí—, eso requerirá mucho trabajo difícil, pero creo que vale la pena probar. En lo personal, estoy interesado en ver si este experimento da resultado y si nuestra hipótesis es verdadera. Me gustaría reunirme contigo con regularidad mientras dure este proceso, tal vez cada dos semanas, y me gustaría llevar un registro de las palabras positivas de afirmación que le dices a Gabriel cada semana. Además, me gustaría que me trajeras la lista de quejas que escribes en tu cuaderno personal sin decírsela a Gabriel. Tal vez a partir de las quejas, pueda ayudarte a confeccionar peticiones específicas para Gabriel que ayudarán a satisfacer algunas de esas frustraciones e irritaciones. Al fin y al cabo, quiero que aprendas a expresar tus frustraciones e irritaciones de una manera constructiva, y quiero que tú y Gabriel aprendan cómo lidiar con esos conflictos e irritaciones. Sin embargo, durante ese experimento de seis meses, quiero que los escribas sin decírselos a Gabriel.

Ana se marchó y creo que tenía la respuesta a su pregunta: «¿Es posible amar a alguien que se odia?».

En los siguientes seis meses, Ana vio un tremendo cambio en la actitud de Gabriel y en su tratamiento hacia ella. El primer mes, trató todo el asunto a la ligera. No obstante, después del segundo mes, le dio una opinión positiva con relación a sus esfuerzos. En los últimos cuatro meses, respondió de manera positiva a casi todas sus peticiones, y los sentimientos de Ana por él comenzaron a cambiar de forma drástica. Gabriel nunca vino para consejería, pero escuchó algunos de mis CD y los analizó con Ana. La alentó a que continuara con la consejería, lo cual hizo por otros tres meses después de nuestro experimento. Hasta el día de hoy, Gabriel les jura a sus amigos que yo soy un hacedor de milagros. En realidad, sé que el amor es el hacedor de milagros.

Quizá tú necesites un milagro en tu matrimonio. ¿Por qué no pruebas el experimento de Ana? Dile a tu cónyuge que has estado pensando en tu matrimonio y decidiste que te gustaría hacer mejor las cosas para satisfacer sus necesidades. Pídele sugerencias de cómo podrías mejorar. Sus sugerencias serán una pista para su lenguaje primario del amor. Si no hace sugerencias, averígualo basándote en las cosas por las que se ha quejado a través de los años. Luego, por seis meses, concentra tu atención en ese lenguaje del amor. Al final de cada mes, pídele a tu cónyuge su opinión de cómo estás cumpliendo y pídele más sugerencias.

Cada vez que tu cónyuge te diga que ve mejoras, espera una semana y hazle una petición específica. La petición debe ser algo que quieres que haga por ti. Si decide hacerlo, sabrás que está respondiendo a tus necesidades. Si no honra tu petición, continúa amándolo. Tal vez el próximo mes responda de manera positiva. Si tu cónyuge comienza a hablar tu lenguaje del amor al responder a tus peticiones, volverán tus sentimientos positivos hacia él y, con el tiempo, renacerá tu matrimonio. No puedo garantizar los resultados, pero muchas personas que he aconsejado han experimentado el milagro del amor.

Si tu matrimonio está en el serio problema analizado en este capítulo, debes comenzar a hacer un fuerte compromiso de la voluntad a fin de emprender el siguiente experimento. Corres el riesgo de más dolor y rechazo, pero también puedes recuperar un matrimonio saludable y satisfactorio. Considera el precio; vale la pena el intento.

1. Pregunta cómo puedes ser un mejor cónyuge, y sea cual fuere la actitud del otro, actúa de acuerdo a lo que te dice. Continúa buscando más participación y cumplimiento de esos deseos con todo tu corazón y voluntad. Asegúrale a tu cónyuge que tus motivos son puros.

2. Cuando recibas opiniones positivas, sabes que hay progreso. Cada mes haz una petición específica que no sea amenazadora y que le resulte fácil a tu cónyuge. Asegúrate que se relacione con tu lenguaje primario del amor y que te ayude a rellenar tu tanque vacío.

3. Cuando tu cónyuge responde y satisface tu necesidad, no solo serás capaz de reaccionar con tu voluntad, sino con tus emociones también. Sin reaccionar con exageración, continúa los comentarios positivos y la afirmación de tu cónyuge en estos momentos.

4. A medida que tu matrimonio comienza a sanar y a profundizar, asegúrate de no «dormirte en los laureles» y olvidar el lenguaje del amor y las necesidades diarias de tu cónyuge. Estás en camino de tus sueños, ¡así que quédate allí! Pon citas en tu horario para evaluar juntos cómo lo están logrando.

Notas

1. Lucas 6:27-28; 31-32.
2. Lucas 6:38.

Un comentario personal

Bueno, ¿qué te parece? Después de leer estas páginas, de entrar y salir de las vidas de varias parejas, visitar pequeños pueblos y grandes ciudades, sentarte conmigo en la oficina de consejería y conversar con la gente en los restaurantes, ¿qué piensas? ¿Podrían estos conceptos alterar de manera radical el clima emocional de tu matrimonio? ¿Qué sucedería si descubrieras el lenguaje primario del amor de tu cónyuge y decidieras hablarlo con regularidad?

Ni tú ni yo podemos responder esta pregunta hasta que no lo experimentemos. Sé que muchas parejas que han escuchado este concepto en mis seminarios para matrimonios dicen que la decisión de amar y expresarse en el lenguaje primario del amor de su cónyuge ha marcado la diferencia de manera drástica en su matrimonio. Cuando se satisface la necesidad emocional por amor, se crea un ambiente donde la pareja puede lidiar con el resto de la vida de una manera mucho más productiva.

Considera a Raquel y Marcos. Raquel descubrió que el lenguaje primario del amor de Marcos era palabras de afirmación, aplicado casi siempre a algo específico («Me gusta cómo me proteges; me hace sentir amada»). «Esto me ayuda mucho a comprenderlo», me dijo ella. «Ahora bien, ¡eso no quiere decir que yo siempre diga lo adecuado! Aun así, el solo conocimiento de cómo es su naturaleza nos ha acercado». Raquel dice que su lenguaje del amor es el de los actos de servicio. «Marcos me elogiaba por algo, debido a que ese es su lenguaje del amor y, de algún modo, nunca me hacía sentir tan genial. Sin embargo, cuando descubrimos que lo que yo valoraba en realidad eran los actos de servicio, incluso algo tan sencillo como traerme el café a la cama en la mañana, nuestro matrimonio dio un gran paso de avance».

Cada uno de nosotros va al matrimonio con una personalidad y una historia diferentes. Traemos un bagaje emocional a nuestra relación matrimonial. Venimos con diferentes expectativas, maneras de enfrentar las cosas y opiniones en cuanto a lo que importa en la vida. En un matrimonio saludable, se debe procesar esa variedad de perspectivas. No hace falta que estemos de acuerdo en todo, sino que debemos encontrar una manera de ocuparnos de nuestras diferencias de modo que no causen divisiones. Con tanques de amor vacíos, las parejas tienden a discutir y distanciarse, y algunas hasta tienden a la violencia verbal o física en sus discusiones. Sin embargo, cuando el tanque de amor está lleno, creamos un ambiente de amistad, un ambiente que busca la comprensión, que está dispuesto a permitir las diferencias y a negociar los problemas. Estoy convencido de que ninguna esfera del matrimonio afecta tanto el resto del mismo como la necesidad de amor.

Sueño con un día en que el potencial de las parejas casadas en este país pueda desatarse para el bien de la humanidad.

La capacidad de amar, en especial cuando tu cónyuge no te ama, puede parecer imposible para algunos. Tal amor quizá requiera que nos apoyemos en nuestros recursos espirituales. Hace varios años, cuando enfrenté mis propios conflictos matrimoniales, redescubrí mi necesidad de Dios. Como antropólogo, me prepararon para examinar los datos. Decidí excavar personalmente las raíces de la fe cristiana. Examinando los relatos históricos del nacimiento, de la vida, muerte y resurrección de Cristo, llegué a considerar su muerte como una expresión de amor y su resurrección como evidencia profunda de su poder. Me convertí en un verdadero «creyente». Le entregué mi vida a Él y descubrí que Él provee la energía espiritual interna para amar, aun cuando el amor no es correspondido. Les animo a que hagan su propia investigación de Aquel que, mientras moría, oraba por quienes lo mataban: «Padre, perdónalos, porque no saben lo que hacen». Esa es la expresión suprema del amor.

La alta tasa de divorcios en nuestro país da testimonio de que miles de parejas casadas han estado viviendo con un tanque de amor emocional vacío. Creo que los conceptos en este libro podrían realizar un significativo impacto en los matrimonios y las familias de nuestro país.

No escribí este libro como un tratado académico que se almacena en las bibliotecas de institutos y universidades, aunque espero que los profesores de sociología y psicología lo encuentren útil para cursos sobre el matrimonio y la vida familiar. No lo escribí para los que están estudiando el matrimonio, sino para los casados, para los que han experimentado la euforia del «enamoramiento», quienes entraron al matrimonio con elevados sueños de hacerse el uno al otro muy felices, pero que en la realidad de la vida cotidiana están en peligro de perder por completo ese sueño. Es mi esperanza que miles de esas parejas no solo redescubran sus sueños, sino que vean el camino para hacer realidad sus sueños.

Sueño con un día en que el potencial de las parejas casadas en este país pueda desatarse para el bien de la humanidad, cuando los esposos y las esposas puedan vivir con los tanques llenos de amor emocional y logren llevar a cabo su potencial como individuos y como parejas. Sueño con un día cuando los niños puedan crecer en hogares llenos de amor y seguridad, donde sus energías en desarrollo puedan canalizarse para el aprendizaje y el servicio antes que en la búsqueda del amor que no recibieron en el hogar. Mi deseo es que este breve volumen encienda la llama del amor en tu matrimonio y en los matrimonios de otras miles de parejas como la tuya.

Escribí esto para ti. Espero que cambie tu vida. Y si lo hace, asegúrate de dárselo a otra persona. Me complacería que le dieras un ejemplar de este libro a tu familia, a tus hermanos y hermanas, a tus hijos casados, a tus empleados, a los de tu club cívico, iglesia o sinagoga. ¿Quién sabe? Juntos podemos ver nuestro sueño hecho realidad.

Para una guía de estudio en inglés gratuita, visita:

5lovelanguages.com

Esta guía de discusión en grupo se diseñó para ayudar a las parejas a aplicar los conceptos de *Los 5 lenguajes del amor* y para estimular el diálogo genuino entre los grupos de estudio.

Preguntas frecuentes

---

1. ¿Qué tal si no puedo descubrir mi lenguaje primario del amor?

«He tomado el perfil de los cinco lenguajes del amor y mis resultados salen casi iguales, excepto para recibir regalos. Sé que no es mi lenguaje primario del amor. ¿Qué debo hacer?».

En el libro, analizo tres métodos para descubrir tu lenguaje del amor.

- Primero, observa cómo casi siempre les expresas amor a otros. Si haces actos de servicios a otros con regularidad, este quizá sea tu lenguaje del amor. Si eres consecuente, afirmando a las personas con palabras, es probable que tu lenguaje del amor sea palabras de afirmación.

- Segundo, considera tus quejas más frecuentes. Cuando le dices a tu esposa: «No creo que alguna vez me tocaras si yo no tomo la iniciativa», revelas que el toque físico es tu lenguaje primario del amor. Cuando tu esposa va de compras a la ciudad y le dices: «¿No me trajiste nada?», estás indicando que recibir regalos es tu lenguaje del amor. La declaración: «Nunca pasamos tiempo juntos», indica el lenguaje del amor de tiempo de calidad. Tus quejas revelan tus íntimos deseos. (Si tienes dificultades para recordar de lo que te quejas más a menudo, pregúntaselo a tu esposa. Ella lo sabrá).

• Tercero, piensa en las peticiones que le haces a tu esposa con más frecuencia. Si dices: «¿Me puedes dar un masaje en la espalda?», le pides el Toque Físico. «¿Crees que podríamos salir un fin de semana este mes?» es una petición por tiempo de calidad. «¿Te sería posible limpiar tu clóset esta tarde?» expresa tu deseo por Actos de Servicio.

Un esposo me dijo que descubrió su lenguaje del amor al seguir el sencillo proceso de eliminación. Sabía que recibir regalos no era su lenguaje, así que solo le quedaban cuatro. Se preguntó: «Si tuviera que renunciar a uno de los cuatro, ¿cuál abandonaría primero?». Su respuesta fue tiempo de calidad. «De los tres restantes, si tuviera que abandonar otro, ¿a cuál renunciaría?». Concluyó que, aparte de la relación sexual, renunciaría al toque físico. Podía vivir sin las palmaditas, los abrazos y sin tomarse de las manos. Estos dejaban los Actos de Servicio y las palabras de afirmación. Aunque apreciaba las cosas que hacía su esposa por él, sabía que sus palabras de afirmación eran lo que le daban vida en realidad. Podía pasarse un día entero con uno de sus comentarios positivos. Eso era lo mucho que significaban para él. No es un desatino concluir que palabras de afirmación era su lenguaje primario del amor y actos de servicio era su lenguaje secundario.

2. ¿Qué tal si no puedo descubrir el lenguaje primario del amor de mi esposa?

«Mi esposa no ha leído el libro, pero hemos hablado sobre los lenguajes del amor. Dice que no sabe cuál es su lenguaje del amor».

Mi primera sugerencia es que le des a tu esposa un ejemplar de *Los 5 lenguajes del amor: El secreto del amor que perdura.* Si lo lee, es probable que esté ansiosa por decirte cuál es su lenguaje del amor. No obstante, si no tiene el tiempo ni el interés de leer el libro, te sugiero que responda las variaciones de las tres preguntas que analizamos en la pregunta # 1.

- ¿Cómo tu esposa casi siempre les expresa amor a otros?
- ¿De qué se queja con más frecuencia?
- ¿Qué pide más a menudo?

Aunque las quejas de tu esposa a veces te irritan, en realidad te dan una información valiosa. Si tu esposa dice: «Nunca pasamos tiempo juntos», quizá te sientas tentado a decir: «¿Qué quieres decir? Fuimos a cenar el jueves por la noche». Tal declaración defensiva terminará la conversación. Si, por otro lado, respondes: «¿Qué te gustaría que hiciéramos?», es probable que obtengas una respuesta útil. Las quejas de tu esposa son los indicadores más poderosos de su lenguaje primario del amor.

Otro método es hacer un experimento de cinco semanas. La primera semana, enfócate en uno de los cinco lenguajes del amor y trata de hablarlo todos los días. Observa la respuesta de tu esposa. El sábado y el domingo, relájate. La segunda semana, de lunes a viernes, enfócate en otro de los lenguajes del amor. Continúa con un lenguaje diferente cada una de las cinco semanas. En la semana en que hables el lenguaje primario del amor de tu esposa, es probable que notes una diferencia en su semblante y la forma en que te responde. Será obvio que este es su lenguaje primario del amor.

3. ¿Cambia tu lenguaje del amor con la edad?

Creo que nuestro lenguaje primario del amor tiende a quedarse con nosotros para toda la vida. Es como muchos otros rasgos de la personalidad que se desarrollan temprano y mantienen constantes. Por ejemplo, es probable que una persona muy organizada fuera organizada en la niñez. Una persona que es más tranquila y relajada quizá tuviera esos rasgos desde la niñez. Esto es cierto en numerosos rasgos de la personalidad.

Sin embargo, existen ciertas situaciones en la vida que hacen que los otros lenguajes del amor sean muy atractivos. Por ejemplo, tu lenguaje primario del amor quizá sea palabras de afirmación, pero si trabajas en dos empleos, los actos de servicio de tu esposa pueden llegar a ser atractivos en extremo para ti. Si solo te da palabras de afirmación y no se ofrece ayudarte con las responsabilidades domésticas, es posible que comiences a pensar: «Estoy cansada de escucharte decir "Te amo", cuando nunca mueves un dedo para ayudarme». Durante esos años, tal vez parezca que los actos de servicio se han convertido en tu lenguaje primario del amor. No obstante, si terminan las palabras de afirmación de tu esposa, en seguida te darías cuenta de que estas siguen siendo tu lenguaje primario del amor.

Si experimentas la muerte de un padre o un amigo cercano, aunque tu lenguaje primario del amor no sea el toque físico, un abrazo prolongado de tu cónyuge puede ser la cosa más significativa para ti en ese momento. Hay algo en todo esto que sucede en medio del dolor que comunica que nos aman. Aunque el toque físico no sea tu lenguaje primario del amor, puede ser muy significativo en ciertas ocasiones.

4. ¿Da resultados el concepto de los cinco lenguajes del amor en los niños?

Por supuesto que sí. Dentro de cada niño hay un tanque de amor emocional. Si los niños sienten que sus padres les aman, se desarrollarán con normalidad. En cambio, si sus tanques de amor están vacíos, crecerán con muchas luchas internas. Es probable que durante la adolescencia busquen amor, a menudo en los lugares equivocados. Por eso, es muy importante que los padres aprendan a amar a los niños de manera eficaz. Hace algún tiempo, me asocié con el psiquiatra Ross Campbell para escribir *Los 5 lenguajes del amor de los niños*. El libro está escrito para los padres y se diseñó para ayudarlos a descubrir el lenguaje primario del amor su hijo. Además, analiza cómo el lenguaje del amor interactúa con el enojo, el aprendizaje y la disciplina del niño.

Uno de los puntos que aportamos en el libro es que los niños necesitan aprender la manera de recibir y dar amor en los cinco lenguajes. Esto genera un adulto saludable en lo emocional. Por lo tanto, a los padres se les anima a darles grandes dosis del lenguaje primario del amor del niño, rociado con los otros cuatro con regularidad. Cuando los niños reciben amor en los cinco lenguajes, a la larga aprenderán cómo dar amor en los cinco lenguajes.

5. ¿Cambian los lenguajes del amor de los niños cuando llegan a la adolescencia?

Un padre dijo: «Leí *Los 5 lenguajes del amor de los niños*, y me ayudó de veras en la crianza de nuestros hijos. Sin embargo, ahora nuestro hijo es adolescente. Estamos haciendo las mismas cosas que siempre hemos hecho, pero tal parece que no da resultado. Me pregunto si ha cambiado su lenguaje del amor».

No creo que el lenguaje de amor del niño cambie a los trece años de edad. Sin embargo, debes aprender nuevas maneras para hablar el lenguaje primario del amor del hijo. Todo lo que hiciste en el pasado, el adolescente lo considera infantil y no quiere tener nada que ver con eso.

Si el lenguaje de amor del adolescente es el toque físico y lo has estado abrazando y besando en la mejilla, quizá te aparte y diga: «Déjame en paz». Eso no significa que no necesite el toque físico; quiere decir que esos toques en particular los considera infantiles. Ahora debes hablar el toque físico en dialectos más adultos tales como un codazo por el costado, un puño en el hombro, una palmadita por la espalda. O puedes luchar con tu hijo adolescente en el suelo. Estos toques comunicarán tu amor a un adolescente. La peor cosa que puedes hacerle a un adolescente cuyo lenguaje del amor es el toque físico es distanciarte cuando te dice: «No me toques».

Para más información relacionada con los adolescentes, lee *Los 5 lenguajes del amor de los jóvenes*.

6. ¿Qué tal si el lenguaje primario del amor de tu cónyuge es difícil para ti?

«No crecí en una familia dada al toqueteo, y ahora descubrí que el lenguaje del amor de mi cónyuge es el toque físico. Es muy difícil para mí iniciarlo».

La buena noticia es que los cinco lenguajes del amor se pueden aprender. Es cierto que casi todos nosotros crecimos hablando solo uno o dos de esos lenguajes del amor. Estos vendrán con naturalidad a nosotros y serán bastante fáciles. Los otros hay que aprenderlos. Como en todas las situaciones de aprendizaje, los pequeños pasos conducen a grandes ganancias.

Si el toque físico es el lenguaje de tu esposa y tú no eres por naturaleza dado al «toque», comienza con pequeñas cosas tales como ponerle la mano en el hombro mientras le sirves una taza de café o darle una «palmadita amorosa» en el hombro mientras caminan. Esos pequeños toques empezarán a romper la barrera. El próximo toque será más fácil con cada vez que la toques. Puedes llegar a dominar el lenguaje del toque físico.

Lo mismo es cierto con los otros lenguajes. Si no eres una persona de palabras de afirmación y descubres que el lenguaje de tu esposa es palabras de afirmación, haz una lista de las declaraciones que escuches de otras personas, o que leas o escuches en los medios. Párate delante de un espejo y lee la lista hasta que te sientas más cómodo escuchándote decir esas palabras. A continuación, escoge una de las declaraciones, entra al dormitorio y dísela a tu esposa. Cada vez que la afirmes, te será más fácil. No solo tu esposa se sentirá bien con el cambio de tu comportamiento, sino que tú también te sentirás bien contigo mismo, porque sabes que expresas su lenguaje del amor con eficiencia.

7. ¿Algunos lenguajes del amor se encuentran más entre las mujeres y otros en los hombres?

Nunca he hecho la investigación a fin de descubrir si los lenguajes del amor tienen inclinación de género. Quizá sea cierto que más hombres tengan el toque físico y las palabras de afirmación como sus lenguajes del amor, y más mujeres tengan tiempo de calidad y regalos. Sin embargo, no sé si eso es exacto desde el punto de vista estadístico.

Prefiero lidiar con los lenguajes del amor como de género neutro. Sé que cualquiera de los cinco lenguajes del amor puede ser el primario de un hombre o de una mujer. Lo importante en el matrimonio es que descubras el lenguaje del amor primario y secundario de tu cónyuge y que los hables con regularidad. Si lo haces, crearás un clima emocional saludable para la madurez conyugal.

8. ¿Cómo descubrió los cinco lenguajes del amor?

Durante años, ayudé a parejas en la oficina de consejería para descubrir lo que deseaba su cónyuge a fin de sentirse amado. Con el tiempo, empecé a ver un patrón en sus respuestas. Descubrí que lo que hace que una persona se sienta amada no necesariamente hace que otra persona se sienta amada. Leí las notas que había hecho y me pregunté: «Cuando alguien se sentaba en mi oficina y me decía: "Siento que mi cónyuge no me ama", ¿qué deseaba?». Las respuestas se agrupaban en cinco categorías. Más adelante las llamé los cinco lenguajes del amor.

Comencé a hablar de estos lenguajes en talleres y grupos de estudio. Cuando lo hacía, veía que las luces se encendían para las parejas que de repente se daban cuenta del porqué se habían perdido el uno al otro de manera emocional. Cuando descubrían y hablaban entre sí el lenguaje primario del amor, el clima emocional de su matrimonio cambiaba de forma radical.

Decidí escribir un libro en el que hablaría del concepto, con la esperanza de influir en otras parejas que nunca tendría la oportunidad de conocer en persona. Ahora que del libro se han vendido más de diez millones de ejemplares en inglés y se ha traducido en cincuenta idiomas alrededor del mundo, mis esfuerzos han sido más que recompensados.

9. ¿Los lenguajes del amor dan resultado en otras culturas?

Dado que mi formación académica es la antropología, esta fue mi pregunta cuando la editorial en español vino primero y me pidió permiso para traducir y publicar el libro en español. En un inicio, dije: «No sé si el concepto dé resultado en español. Lo descubrí en el ámbito anglosajón». El editor dijo: «Leímos el libro, y da resultados en español». Después llegaron las ediciones en francés, alemán, holandés, y muchas más. En casi cada cultura, el libro se ha convertido en un superventas de la editorial. Esto me lleva a creer que estas cinco maneras fundamentales para expresar amor son universales.

Sin embargo, los *dialectos* en los que se hablan estos lenguajes diferirán de cultura a cultura. Por ejemplo, la clase de toques que son apropiados en una cultura quizá no lo sea en otra cultura. Los actos de servicio que se hablan en una cultura tal vez no se hablen en otra cultura. No obstante, cuando se hacen esas adaptaciones culturales, el concepto de los cinco lenguajes del amor tendrá un profundo impacto en las parejas de esa cultura.

10. ¿Por qué cree que tiene tanto éxito *Los 5 lenguajes del amor*?

Creo que nuestra más profunda necesidad emocional es la de sentirnos amados. Si estamos casados, la persona que más nos gustaría que nos amara es nuestro cónyuge. Si nos sentimos amados por nuestro cónyuge, el mundo entero es brillante y la vida es maravillosa. Por otra parte, si nos sentimos rechazados o tenidos a menos, el mundo comienza a oscurecerse.

Casi todas las parejas se casan cuando todavía tienen los sentimientos eufóricos del «enamoramiento». Cuando algún tiempo después de la boda desaparecen los sentimientos eufóricos y empiezan a surgir las diferencias en las parejas, a menudo se encuentran en conflicto. Sin un plan positivo para resolver los conflictos, recurren a hablar con dureza entre sí. Las palabras ásperas crean sentimientos de dolor, decepción y enojo. No solo el esposo y la esposa sienten que no los aman, sino que también comienzan a resentirse el uno del otro.

Cuando las parejas leen *Los 5 lenguajes del amor*, descubren el porqué perdieron los sentimientos del amor romántico del noviazgo y cómo el amor emocional puede reavivarse en su relación. Una vez que comienzan a hablar el lenguaje primario del amor del otro, se sorprenden al ver la manera tan rápida en que se vuelven positivas sus emociones. Con un tanque de amor lleno, pueden procesar sus conflictos de una forma mucho más positiva y encontrar soluciones factibles. El renacimiento del amor emocional crea un clima emocional positivo entre los dos, y aprenden a trabajar juntos como equipo: alentándose, apoyándose y ayudándose el uno al otro a fin de alcanzar metas significativas.

Una vez que sucede esto, quieren darles el mensaje de los cinco lenguajes del amor a todos sus amigos. Cada año, desde su primera publicación, el libro se vende más que el año anterior. Creo que el éxito de *Los 5 lenguajes del amor* puede atribuírseles a las parejas que lo han leído, que han aprendido a hablar el lenguaje del otro y que se lo han recomendado a sus amigos.

11. ¿Qué tal si hablo el lenguaje del amor de mi esposa y no responde?

«Mi esposa no leería el libro, así que decidí hablar su lenguaje del amor y ver qué sucedía. Nada sucedió. Ni siquiera sabía que estaba haciendo algo diferente. ¿Cuánto tiempo se supone que voy a seguir hablando su lenguaje del amor cuando no hay respuesta?».

Sé que puede llegar a ser desalentador cuando sientes que inviertes en el matrimonio y no recibes nada a cambio. Existen dos posibilidades del porqué no responde tu esposa. La primera, y más probable, es que estés hablando el lenguaje equivocado del amor.

Muchos esposos dan por sentado que el lenguaje del amor de sus esposas es el de actos de servicio. Así que comienzan a emprender proyectos por la casa. Marcan los asuntos en la lista de tareas pendientes de la casa a un ritmo vertiginoso. Son sinceros al tratar de hablar el lenguaje del amor de su esposa. Cuando ella ni siquiera reconoce los esfuerzos, su esposo puede desanimarse.

En realidad, su lenguaje primario del amor quizá sea palabras de afirmación. Debido a que su esposo no siente que el amor viene de ella, puede criticarla con sus palabras. Sus palabras de críticas son como dagas en su corazón, así que se aparta de él. Ella sufre en silencio mientras que él se frustra porque sus esfuerzos para mejorar el matrimonio no tienen éxito. El problema no es su sinceridad; el problema es que él en realidad está hablando el lenguaje del amor equivocado.

Por otro lado, suponiendo que estés hablando el lenguaje primario del amor de tu esposa, hay otra razón por la cual quizá no esté respondiendo de manera positiva. Si ya está involucrada en otra relación romántica, ya sea emocional o sexual, a menudo razonará que tus esfuerzos llegaron demasiado tarde. Incluso, puede percibir que tus esfuerzos son temporales y poco sinceros, y que solo tratas de manipularla a fin de que se quede en el matrimonio. Aun si tu esposa no está involucrada con otra persona, si tu relación ha sido hostil por mucho tiempo, quizá perciba que tus esfuerzos son de manipulación.

En esta situación, la tentación es a darnos por vencidos, a dejar de hablar su lenguaje del amor porque no hay ningún resultado. La peor cosa que puedes hacer es sucumbir a esta tentación. Si te rindes, confirmarás su conclusión de que tus esfuerzos se diseñaron para manipularla.

El mejor método que puedes tener es seguir hablando su lenguaje del amor con regularidad, sin importar cómo te trate. Establécete una meta de seis meses, nueve meses o un año. Tu actitud debe ser: *No importa cuál sea su respuesta, voy a amarla en su lenguaje del amor a largo plazo. Si se aleja de mí, lo hará de alguien que la está amando de manera incondicional.* Esta actitud te mantendrá en un camino positivo, aun cuando te sientas desanimado.

No hay nada más poderoso que puedas hacer que amar a tu esposa, aun cuando no esté respondiendo de manera positiva. Sea cual sea la respuesta final de tu esposa, tendrás la satisfacción de saber que has hecho todo lo que podías para restaurar tu matrimonio. Si al final tu esposa decide corresponderle a tu amor, habrás demostrado por ti mismo el poder del amor incondicional. Además, cosecharás los beneficios del renacimiento del amor mutuo.

12. ¿Puede renacer el amor después de la infidelidad sexual?

Nada devasta más la intimidad conyugal que la infidelidad sexual. El contacto sexual es una experiencia de vínculo emocional. Une dos personas de la manera más profunda posible. Casi todas las culturas tienen una ceremonia de boda pública y una consumación privada del matrimonio en la relación sexual. El acto sexual está diseñado para ser la expresión única de nuestro compromiso mutuo para toda la vida. Cuando se rompe este compromiso, es devastador para el matrimonio.

Sin embargo, esto no significa que el matrimonio esté destinado al divorcio. Si la parte infractora está dispuesta a romper la conexión extramatrimonial y realiza el arduo trabajo de reconstruir el matrimonio, puede haber una restauración genuina.

En mi propia labor de consejería, he visto decenas de parejas que han experimentado sanidad después de la infidelidad sexual. Esto no solo involucra el rompimiento del amorío adúltero, sino también el descubrimiento de lo que condujo a la aventura amorosa.

El éxito en la restauración está en un enfoque doble. Primero, la parte infractora debe estar dispuesta a explorar sus propias creencias, personalidad y estilo de vida que le condujeron al amorío. Debe estar dispuesta a cambiar de actitudes y patrones de conducta. Segundo, la pareja debe estar dispuesta a darle una sincera mirada a las dinámicas de su matrimonio y ser receptivos para sustituir los patrones destructivos con los positivos de integridad y sinceridad. Por lo general, ambas cosas requieren la ayuda de un consejero profesional.

Las investigaciones indican que las parejas con más probabilidades de sobrevivir la infidelidad sexual son las que reciben tanto la consejería individual como la matrimonial. La comprensión de los cinco lenguajes del amor y la decisión de hablarse el uno al otro el lenguaje puede ayudar a crear un clima emocional en el que el arduo trabajo de restauración del matrimonio tendrá éxito.

13. ¿Qué hacer cuando tu esposa se niega a hablar el lenguaje del amor aun cuando lo sabe?

«Los dos leímos *Los 5 lenguajes del amor*, realizamos el perfil y analizamos nuestro lenguaje primario del amor el uno con el otro. Eso fue hace dos meses. Mi esposa sabe que mi lenguaje del amor es palabras de afirmación. Sin embargo, en dos meses, todavía no la he escuchado decir nada positivo. Su lenguaje del amor es actos de servicio. He comenzado a hacer varias cosas que me pidió que hiciera en la casa. Creo que aprecia lo que estoy haciendo, pero nunca me lo dice».

Permíteme comenzar diciendo que no podemos hacer que nuestro cónyuge hable nuestro lenguaje del amor. El amor es una decisión. Podemos pedir amor, pero no podemos exigirlo. Una vez dicho esto, te sugiero algunas razones del porqué tu esposa quizá no hable tu lenguaje del amor. A lo mejor creciera en un hogar donde recibía pocas palabras positivas. Tal vez sus padres la criticaran mucho. Por lo tanto, no tiene un modelo positivo cuando se trata de hablar palabras de afirmación. Quizá tales palabras le resulten muy difíciles de expresar. Requerirá esfuerzo de su parte y paciencia de la tuya mientras aprende a hablar un lenguaje que le resulta extraño.

Una segunda razón por la que tal vez no hable tu lenguaje del amor es que teme que si te da palabras de afirmación debido a los pocos cambios que has hecho, te sentirás satisfecho de ti mismo y no continuarás para hacer los grandes cambios que espera. Esta es la idea errónea de que si recompenso la mediocridad, restringiré las aspiraciones de la persona para ser mejor. Ese es un mito común que sostienen algunos padres de la afirmación verbal a los niños. Por supuesto, es falso. Si el lenguaje primario del amor de una persona es palabras de afirmación, esas palabras desafían a la persona hacia mayores niveles de logro.

Mi sugerencia es que inicies el juego del tanque de amor analizado en el capítulo 9. Tú le preguntas: «En una escala del cero al diez, ¿cuán lleno está tu tanque de amor?». Si te responde que menos de diez, pregunta: «¿Qué puedo hacer para llenarlo?». Lo que sea que diga, haz lo mejor según tu habilidad. Si haces esto una vez a la semana durante un mes, es probable que comience a preguntarte cuán lleno está tu tanque. Y tú puedes empezar a hacerle peticiones. Esta es una manera divertida de enseñarle cómo hablar tu lenguaje del amor.

14. ¿Puede volver el amor emocional después que se fue hace treinta años?

«No somos enemigos. No peleamos. Solo vivimos en la misma casa como compañeros de cuarto».

Déjame responder esta pregunta con una historia real. Una pareja vino a verme en uno de mis seminarios. El esposo dijo:

—Venimos a darle las gracias por traerle nueva vida a nuestro matrimonio. Tenemos treinta años de casados, pero los últimos veinte años han estado muy vacíos. Si quiere saber lo malo que ha sido nuestro matrimonio, no hemos tomado vacaciones en veinte años. Solo vivimos en la misma casa, tratando de ser civilizados y eso es todo.

»Hace un año, le conté mi lucha a un amigo. Se fue a su casa, regresó con su libro *Los 5 lenguajes del amor* y me dijo: "Lee esto. Te ayudará". La última cosa que quería hacer era leer otro libro, pero lo hice. Regresé a casa esa noche y leí todo el libro. Terminé a las tres de la mañana y, con cada capítulo, empezaban a aclararse las cosas. Me di cuenta de que, a través de los años, no habíamos podido hablar nuestros lenguajes del amor.

»Le di el libro a mi esposa y le pregunté si podía leerlo y decirme lo que pensaba al respecto. Dos semanas más tarde, me dijo:

»—Leí el libro.

»—¿Qué piensas de eso? —le pregunté.

»—Creo que si hubiéramos leído ese libro hace treinta años, nuestro matrimonio hubiera sido muy diferente.

»—Eso es lo mismo que pienso yo —le dije—. ¿Crees que cambiaría en algo si lo intentáramos ahora?

»—No tenemos nada que perder —me respondió.

»Hablamos de nuestros lenguajes principales del amor y acordamos que íbamos a tratar de hablar el lenguaje del otro por lo menos una vez a la semana para ver lo que sucedería. Si alguien me hubiera dicho que en dos meses yo tendría sentimientos de amor hacia ella otra vez, no le hubiera creído. Sin embargo, los experimenté.

La esposa tomó la palabra y dijo:

—Si alguien me hubiera dicho que alguna vez tendría sentimientos de amor hacia él otra vez, le habría dicho: "De ninguna manera. Han sucedido muchas cosas".

»Este año tomamos juntos nuestras primeras vacaciones en veinte años y tuvimos un tiempo maravilloso —continuó ella—. Condujimos más de seiscientos kilómetros para venir a su seminario y disfrutamos de nuestra compañía mutua. Solo estoy triste porque perdimos muchos años viviendo en la misma casa cuando podíamos haber tenido una relación amorosa. Gracias por su libro.

—Gracias por contarme su historia —les dije—. Espero que logren que los próximos veinte años sean tan emocionantes que los últimos veinte solo sean un recuerdo lejano.

—Eso es lo que pensamos hacer —respondieron ambos al unísono.

¿Puede renacer el amor emocional en un matrimonio después de treinta años? Sí, siempre que ustedes dos estén dispuestos a tratar de hablarse el uno al otro el lenguaje del amor.

15. Soy soltero. ¿Cómo el concepto del lenguaje del amor se ajusta a mí?

A través de los años, muchos adultos solteros me han dicho: «Sé que escribió su libro original para parejas casadas. Sin embargo, lo leí y me ayudó en todas mis relaciones. ¿Por qué no escribe un libro sobre los cinco lenguajes del amor para solteros?». Y así lo hice. Se titula *Los 5 lenguajes del amor para solteros*. En el libro, procuro ayudar a los adultos solteros a aplicar el concepto de los cinco lenguajes del amor en todas sus relaciones. Comienzo ayudándoles a comprender el porqué se sintieron amados o no durante la niñez.

Un joven que estuvo encarcelado dijo: «Gracias por hablarnos de los cinco lenguajes del amor. Por primera vez en mi vida comprendí al fin que mi madre me ama. Me doy cuenta de que mi lenguaje del amor es el toque físico, pero mi madre nunca me abrazaba. Es más, el primer abrazo que recuerdo haber recibido alguna vez de mi madre fue el día que salí de la prisión. Aun así, me doy cuenta de que ella hablaba de manera muy enfática los actos de servicio. Trabajaba duro para pagar la comida y la ropa, y para proveernos un lugar para vivir. Hoy en día sé que me amaba; solo que no sabía hablar mi lenguaje. Por eso ahora comprendo que me amaba de verdad».

Además, ayudo a los solteros a que apliquen el concepto de los cinco lenguajes del amor en sus relaciones entre hermanos, en el trabajo y en el noviazgo. La respuesta de los adultos solteros me ha alentado mucho. Espero que si tú eres soltero, descubras lo que han descubierto otros. La expresión del amor en el lenguaje primario del amor de una persona mejora todas las relaciones.

16. ¿Cómo hablo el lenguaje del amor de mi cónyuge si está lejos de mí por un tiempo (por ejemplo, movilización militar, trabajo, escuela)?

A menudo me preguntan cómo aplicar los lenguajes del amor en las relaciones a larga distancia. En estos casos, el toque físico y el tiempo de calidad son difíciles en particular. La respuesta simple es esta: debes ser creativo y estar comprometido a permanecer conectado a pesar de la distancia.

Si tu lenguaje del amor es el toque físico, aquí tienes algunas ideas creativas para hablar el lenguaje del amor del otro. Primero, tener fotografías tuyas como pareja puede recordarte momentos agradables juntos. Tener objetos físicos que pertenecen a tu pareja también pueden traerte recuerdos mutuos. Tal vez una camisa, la colonia o el perfume de tu pareja puede recordarte a esa persona y a los momentos agradables juntos. También debes enviar correos electrónicos, mensajes de texto, escritos, etc., acerca de cómo disfrutas estar con la otra persona. Incluso, puedes tratar de mantener un calendario en el que marques de manera física los días hasta que logren estar juntos de nuevo. Esta no es una lista completa de ideas, pero todas estas son actividades físicas y elementos que ayudarán, al menos en parte, a satisfacer tu lenguaje físico del amor.

En cuanto al tiempo de calidad, el tiempo que pasen manteniéndose en contacto, esforzándose para animarse entre sí, enviándose notas y regalos, etc., es tiempo de calidad. Por supuesto, no es la forma preferida de tiempo de calidad, pero es tiempo de calidad, no obstante. Debes aprender a verlo y apreciarlo como tal.

Las maneras más específicas en que puedes expresar el lenguaje del tiempo de calidad son hablar con frecuencia sobre cómo deseas permanecer cerca y mantener vivo tu amor. Lean o relean juntos *Los 5 lenguajes del amor* (o *The 5 Love Languages Military Edition*) mientras están separados, o escuchen mis *podcast*, y analícenlos juntos como una forma de nutrir su relación. Esto, también, requiere compromiso, pero si de veras se aman, encontrarán la energía y el tiempo para permanecer conectados.

Utiliza tu situación como una oportunidad para practicar los otros lenguajes también. Las notas y los regalos necesitan verse como más que «solo» notas y regalos. Necesitan verse como esfuerzo físico y palabras de afirmación destinadas a expresar amor.

En conclusión, sí, la distancia es difícil en una relación, pero no tiene que ser el final de la relación. Es obvio que cuanto más tiempo puedan pasar juntos, mejor. Y deberías esforzarte por esto. No obstante, si eres una pareja comprometida y estás dispuesto a ser creativo en la forma de hablar el lenguaje del amor del otro, tu relación puede sobrevivir y hasta prosperar durante su tiempo de separación.

LOS **5** *LENGUAJES*
____ DEL ____
amor

Perfil para parejas de Los 5 lenguajes del amor: para él

El perfil de los 5 lenguajes del amor les dará a ti y a tu cónyuge, o pareja, un análisis exhaustivo de su preferencia de comunicación emocional. Se destacará tu lenguaje primario del amor, lo que significa, y cómo se puede utilizar para conectarte con tu ser amado con intimidad y satisfacción. Se incluyen dos perfiles, de modo que cada uno de ustedes pueda completar la evaluación.

Ahora verás treinta pares de declaraciones. Por favor, selecciona la declaración que defina mejor lo que es más significativo para ti en tu relación como pareja. Ambas declaraciones quizá parezcan o no que se ajustan a tu situación, pero elige la declaración que capta la esencia de lo que es más significativo para ti la mayoría de las veces. Reserva entre diez a quince minutos para terminar el perfil. Realízalo cuando estés relajado, y no trates de hacerlo deprisa. Luego, haz el recuento de tus resultados y lee cómo interpretar tu perfil en la página 201.

Es más significativo para mí cuando...

1
recibo de mi amada una nota de amor / mensaje de texto / correo electrónico sin ninguna razón especial. A

ella y yo nos abrazamos. E

2
puedo pasar tiempo a solas con ella... nadie más que los dos. B

ella hace algo práctico para ayudarme. D

3
ella me da regalitos como muestra de nuestro amor mutuo. C

puedo pasar un tiempo de esparcimiento ininterrumpido con ella. B

4
ella hace algo de improviso para mí como echarle gasolina a mi auto o lavar la ropa. D

ella y yo nos tocamos. E

5
ella pone sus brazos a mi alrededor cuando estamos en público. E

ella me sorprende con un regalo. C

6
estoy a su lado, incluso si no estamos haciendo nada en realidad. B

nos tomamos de las manos. E

7
mi amada me da un regalo. C

la escucho decir «Te amo». A

8
me siento cerca de ella. E

me elogia sin razón aparente. A

Es más significativo para mí cuando...

9

tengo la oportunidad de «pasar el rato» con ella. B

recibo de repente pequeños regalos de ella. C

10

escucho que me dice: «Estoy orgullosa de ti». A

me ayuda con una tarea. D

11

tengo que hacer cosas con ella. B

escucho palabras de apoyo de ella. A

12

ella hace cosas para mí en lugar de solo hablar acerca de hacer cosas agradables. D

me siento conectado con ella a través de un abrazo. E

13

escucho elogios de ella. A

ella me da algo que demuestra que estaba pensando de veras en mí. C

14

solo puedo estar cerca de ella. B

ella me frota la espalda o me da un masaje. E

15

ella reacciona de manera positiva por algo que he logrado. A

ella hace algo por mí que sé que no disfruta en lo particular. D

16

ella y yo nos besamos a menudo. E

siento que ella muestra interés en las cosas que me importan. B

Es más significativo para mí cuando...

17

mi amada trabaja en proyectos especiales conmigo que tengo que terminar.	D
ella me da un regalo magnífico.	C

18

ella me elogia por mi apariencia.	A
ella se toma el tiempo para escucharme y entender de veras mis sentimientos.	B

19

nos tocamos de manera no sexual en público.	E
ella se ofrece para hacer mis diligencias.	D

20

ella hace un poco más que su parte normal de las responsabilidades que compartimos (en la casa, relacionadas con el trabajo, etc.).	D
recibo un regalo que sé que ella puso gran empeño al elegir.	C

21

ella no revisa su teléfono mientras hablamos.	B
ella se desvive por hacer algo que alivia la presión en mí.	D

22

espero con gran expectación los días de fiesta debido al regalo que espero recibir.	C
escucho las palabras «Te aprecio» de ella.	A

23

ella me trae un regalito después de un viaje que hizo sin mí.	C
ella se encarga de algo que es mi responsabilidad, pero que me siento demasiado estresado para hacer en el momento.	D

24

ella no me interrumpe cuando estoy hablando.	B
dar regalos es una parte importante de nuestra relación.	C

Es más significativo para mí cuando...

25
| ella me ayuda cuando sabe que ya estoy cansado. | D |
| puedo ir a algún sitio mientras paso tiempo con ella. | B |

26
| ella y yo somos físicamente íntimos. | E |
| ella me da un regalito que adquirió en el transcurso de un día normal. | C |

27
| ella me dice algo alentador. | A |
| puedo pasar tiempo en una actividad en común o afición con ella. | B |

28
| ella me sorprende con una pequeña muestra de su aprecio. | C |
| ella y yo nos tocamos mucho durante el transcurso normal del día. | E |

29
| ella me ayuda, en especial si sé que ya está ocupada. | D |
| la escucho decirme de manera específica: «Te aprecio». | A |

30
| ella y yo nos abrazamos después que estamos separados por un tiempo. | E |
| le escucho decir lo mucho que significo para ella. | A |

Revisa las letras que circulaste antes y registra el número de respuestas en los espacios a continuación.

A: _____ B: _____ C: _____ D: _____ E: _____

A = Palabras de afirmación   B = Tiempo de calidad
C = Regalos   D = Actos de servicio   E = Toque físico

Perfil para parejas de Los 5 lenguajes del amor: para ella

Aquí tienes el segundo perfil. Como se mencionó antes, te dará un análisis exhaustivo de tu preferencia de comunicación emocional. Se destacará tu lenguaje primario del amor, lo que significa, y cómo se puede utilizar para conectarte con tu ser amado con intimidad y satisfacción. Se incluyen dos perfiles, de modo que cada uno de ustedes pueda completar la evaluación.

Ahora verás treinta pares de declaraciones. Por favor, selecciona la declaración que defina mejor lo que es más significativo para ti en tu relación como pareja. Ambas declaraciones quizá parezcan o no que se ajustan a tu situación, pero elige la declaración que capta la esencia de lo que es más significativo para ti la mayoría de las veces. Reserva entre diez a quince minutos para terminar el perfil. Realízalo cuando estés relajada, y no trates de hacerlo deprisa. Luego, haz el recuento de tus resultados y lee cómo interpretar tu perfil en la página 207.

Es más significativo para mí cuando...

1

recibo de mi amado una nota de amor / mensaje de texto / correo electrónico sin ninguna razón especial.   A

él y yo nos abrazamos.   E

2

puedo pasar tiempo a solas con él... nadie más que los dos.   B

él hace algo práctico para ayudarme.   D

3

él me da regalitos como muestra de nuestro amor mutuo.   C

puedo pasar un tiempo de esparcimiento ininterrumpido con él.   B

4

él hace algo de improviso para mí como echarle gasolina a mi auto o lavar la ropa.   D

él y yo nos tocamos.   E

5

él pone sus brazos a mi alrededor cuando estamos en público.   E

él me sorprende con un regalo.   C

6

estoy a su lado, incluso si no estamos haciendo nada en realidad.   B

nos tomamos de las manos.   E

7

mi amado me da un regalo.   C

le escucho decir «Te amo».   A

8

me siento cerca de él .   E

me elogia sin razón aparente.   A

Es más significativo para mí cuando...

9

tengo la oportunidad de «pasar el rato» con él.　　　　B

recibo de repente pequeños regalos de él.　　　　C

10

escucho que me dice: «Estoy orgulloso de ti».　　　　A

me ayuda con una tarea.　　　　D

11

tengo que hacer cosas con él.　　　　B

escucho palabras de apoyo de él.　　　　A

12

él hace cosas para mí en lugar de solo hablar acerca de hacer　　　　D
cosas agradables.

me siento conectado con él a través de un abrazo.　　　　E

13

escucho elogios de él.　　　　A

él me da algo que demuestra que estaba pensando de veras en mí.　　　　C

14

solo puedo estar cerca de él.　　　　B

él me frota la espalda o me da un masaje.　　　　E

15

él reacciona de manera positiva por algo que he logrado.　　　　A

él hace algo por mí que sé que no disfruta en lo particular.　　　　D

16

él y yo nos besamos a menudo.　　　　E

siento que él muestra interés en las cosas que me importan.　　　　B

Es más significativo para mí cuando...

17
mi amado trabaja en proyectos especiales conmigo que tengo que terminar.	D
él me da un regalo magnífico.	C

18
él me elogia por mi apariencia.	A
él se toma el tiempo para escucharme y entender de veras mis sentimientos.	B

19
nos tocamos de manera no sexual en público.	E
él se ofrece para hacer mis diligencias.	D

20
él hace un poco más que su parte normal de las responsabilidades que compartimos (en la casa, relacionadas con el trabajo, etc.).	D
recibo un regalo que sé que él puso gran empeño al elegir.	C

21
él no revisa su teléfono mientras hablamos.	B
él se desvive por hacer algo que alivia la presión en mí.	D

22
espero con gran expectación los días de fiesta debido al regalo que espero recibir.	C
escucho las palabras «Te aprecio» de él.	A

23
él me trae un regalito después de un viaje que hizo sin mí.	C
él se encarga de algo que es mi responsabilidad, pero que me siento demasiado estresada para hacer en el momento.	D

24
él no me interrumpe cuando estoy hablando.	B
dar regalos es una parte importante de nuestra relación.	C

Es más significativo para mí cuando...

25
él me ayuda cuando sabe que ya estoy cansada.   D

puedo ir a algún sitio mientras paso tiempo con él.   B

26
él y yo somos físicamente íntimos.   E

él me da un regalito que adquirió en el transcurso de un día normal.   C

27
él me dice algo alentador.   A

puedo pasar tiempo en una actividad en común o afición con él.   B

28
él me sorprende con una pequeña muestra de su aprecio.   C

él y yo nos tocamos mucho durante el transcurso normal del día.   E

29
él me ayuda, en especial si sé que ya está ocupado.   D

lo escucho decirme de manera específica: «Te aprecio».   A

30
él y yo nos abrazamos después que estamos separados por un tiempo.   E

le escucho decir lo mucho que significo para él.   A

Revisa las letras que circulaste antes y registra el número de respuestas en los espacios a continuación.

A: _____ B: _____ C: _____ D: _____ E: _____

A = Palabras de afirmación   B = Tiempo de calidad
C = Regalos   D = Actos de servicio   E = Toque físico

INTERPRETACIÓN Y USO DE LA PUNTUACIÓN DE TU PERFIL

La puntuación más alta indica tu lenguaje primario del amor (la puntuación más alta es 12). No es raro que se tengan dos puntuaciones altas, aunque un lenguaje tenga una ligera ventaja para la mayoría de la gente. Eso significa que solo dos lenguajes son importantes para ti.

Las puntuaciones más bajas indican los lenguajes que pocas veces usas para comunicar amor y que es probable que no te afecten mucho a nivel emocional.

IMPORTANTE QUE RECUERDES

Quizá tuvieras una puntuación más alta en ciertos lenguajes del amor que en otros, pero no deseches esos otros lenguajes como poco importantes. Tu ser amado puede expresar el amor de esas maneras, y te será de ayuda comprender esto acerca de él.

De la misma manera, beneficiará a tu cónyuge conocer tu lenguaje primario del amor con el fin de expresar mejor el afecto por ti en formas que interpretas como amor. Cada vez que tú o tu esposo hablen el lenguaje del amor del otro, se anotan puntos emocionales el uno al otro. Por supuesto, ¡esto no es un juego con un marcador! El beneficio de hablar el lenguaje del amor del otro es un mayor sentido de conexión. Esto se traduce en una mejor comunicación, una mayor comprensión y, a fin de cuentas, un mejor romance.

Si tu cónyuge o alguien importante para ti aún no lo ha hecho, aliéntalo a tomar el Perfil de Los 5 lenguajes del amor en este libro, en línea 5lovelanguages.com/profile o en la aplicación The 5 Love Languages (iOS o Android). ¡Analicen sus lenguajes respectivos del amor, y utilicen esta perspectiva a fin de mejorar su relación!